新潮文庫

なぜ君は絶望と闘えたのか

本村洋の3300日

門田隆将著

新潮社版

9033

目次

プロローグ　9
第一章　驚愕の光景　16
第二章　死に化粧　37
第三章　難病と授かった命　50
第四章　逮捕された少年　81
第五章　渡された一冊の本　101
第六章　破り捨てられた辞表　114
第七章　生きるための闘い　128
第八章　正義を捨てた裁判官　145
第九章　凄まじい検事の執念　170
第十章　明るみに出たFの本音　186

第十一章 「死刑」との格闘 201
第十二章 敗北からの道 213
第十三章 現れた新しい敵 230
第十四章 熾烈な攻防 245
第十五章 弁護団の致命的ミス 264
第十六章 辿り着いた法廷 292
エピローグ 306
あとがき 318
文庫版あとがき 324
《光市母子殺害事件》経過 337
解説 佐木隆三 340

なぜ君は絶望と闘えたのか

本村洋の３３００日

プロローグ

青年は、こぶしを握りしめて震えていた。

視線は一点に注がれ、そこから動かない。テーブルの上にあるコップを見ているのか。それともその中にある水を凝視しているのか……。いや、どちらでもない。彼の視界には、何も入っていない。彼は、空《くう》を見ている。そう思えた。

大きく息を吐いて、その青年は、こう言った。

「僕は……、僕は、絶対に殺します」

不気味に迫力のある声だった。押し殺しているだけに、それは余計凄《すご》みを感じさせた。

その瞬間、店の中の客が、何人かぎょっとして私たちの方を振り向いた。

一九九九年八月十一日、北九州市・小倉《こくら》北区の薄暗い喫茶店で、私と青年は向かい合っていた。

紺色のTシャツに縁なしのメガネをかけ、スポーツ刈りよりも短く切りそろえた髪。本来なら優しくて愛嬌《あいきょう》のあるはずの目が、これ以上はないほどの憎しみに震えていた。どうにもならないこの感情をどうすればいいのか。その目は、怒りと憎悪《ぞうお》の行き場が見つからない苛立《いらだ》ちと、もどかしさに支配されていた。

まだ二十三歳で、学生の雰囲気を残している青年の名は、本村洋《もとむらひろし》。のちに、日本の司法を大変革させていくことになる人物である。

しかし、本人も、これから自分がそんな大それたことをやってのけるようになるとは、この時、想像もしていない。

いや、司法の世界に、変革していかなければならない問題があることすら、彼にはわかっていなかった。

「殺す」

と言った相手は、彼の最愛の妻と娘を殺《あや》めた十八歳の少年・Fである。

この日、妻・弥生《やよい》(二三＝当時)と、一人娘・夕夏《ゆうか》(一一カ月)が惨殺《ざんさつ》された光市《ひかり》母子殺害事件の初公判が山口地裁で開かれた。

本村は、検察官が朗読した冒頭陳述によって、初めて事件の詳細を知った。犯人が少年であったことから、本村には事件の細かな経緯やどんな家庭環境に育った少年であるかも知らされていなかった。

しかし、冒頭陳述では、母親のもとに必死で這《は》っていく夕夏が床に叩《たた》きつけられ、弥生が死後レイプされる事件のありようが細かく描写されていった。

傍聴席で泣き崩れる弥生の母親を慰め、悔しさと無念さに自らも涙があふれ出た本村は、初公判が終わった後、故郷・小倉に戻ってきた。

旧盆を間近に控えた小倉の喫茶店で、私は初めて本村と向かい合った。初公判の衝撃は、裁判が開かれた山口を離れても、本村の身体《からだ》全体から窺《うかが》えた。

「僕は、ひどい男です。僕は自分自身が許せない。絶対に許せない……」

本村は、店内の客の視線がやっとほかに移り出した頃、そう語り始めた。

「どういうこと？　なんで自分が許せないの？」

怪訝《けげん》に思った私が問うと、本村はふたたび感情を昂《たか》ぶらせた。

「僕は弥生を抱きしめることができなかった。死ぬその時まで、僕の名前を呼んだに違いない弥生を、僕は抱きしめることもできなかったんですよ」

そんなひどい奴《やつ》がいますか。そんな情けない人間がいますか。僕は、変わり果てた弥生を抱きしめることもできなかったんですよ……。

本村はそう繰り返した。

彼はそのことで自分を責めているのだ。次第に語気が強まる。

「僕は……僕は、そんなひどい男なんです！」

僕はひどい男――その言葉が迸《ほとばし》った瞬間、店内にまた緊張感が走ったような気がした。青年の異常な雰囲気と語気に圧倒され、客たちが息を呑《の》んだのだ。

しかし、今度は、誰も振り返らない。チラチラと視線をこっちに送ってくるだけだ。客たちも、私たち二人のようすが変であることはわかっている。

もし、目でも合って、トラブルになっては困る。そんな微《かす》かな恐れのためか、彼らが必要以上に無関心を装《よそお》っているように見えた。

目の前の青年が、妻の遺体を抱きしめることができなかった自分を許せない、と泣いている。

あまりに変わり果てた無惨な遺体。絞殺《こうさつ》され、汚物にまみれた下半身を犯人が拭《ふ》き取ってまで死後レイプに及んだ詳細を、青年は冒頭陳述によって、初めて知った。

あの遺体。美しかった生前の弥生。それが苦悶《くもん》の形相で目を薄く開き、ところどころ青紫に変色したまま息絶えていた。それは、自分の知っている妻の姿ではなかった。

そして、そんな変わり果てた妻を見て、彼は抱きしめることができなかったのだ。

それは、この青年にとって、どうしても許せないことだった。

「この男なら本当に犯人を殺すかもしれない。いや多分やるだろう」

私は、青年の涙を見ながら、この時、そんなことを漠然と考えていた。

被害者が二人で、犯人は十八歳になったばかりの少年。判決は、無期懲役だろう。相場主義に支配された日本の司法で、それ以上、つまり「死刑」を望むのは無理だ。私は、「負け」という結果のわかっている闘いに、目の前の青年がこれから立ち向かっていくことが哀れでならなかった。

だが、それよりも、この青年は、少年が刑務所から出てきたら、これを探し出し、本当に殺すのではないか、と思った。そうなったら、この青年も不幸だ。家族もなく、執念と憎しみだけで人生を過ごし、その上、自らも殺人者として獄につながれる。そんなむごいことがあっていいわけがない。私は青年を見ながら、そんなことを考えていた。

本来なら、殺人など考えるべきではない、君は何を言ってるんだ――そう叱《しか》るのが、大人である。しかし、私はこの若者の迫力に圧倒され、そう諭《さと》すことが憚《はばか》られた。不思議な感覚だった。

なんの飾りも、曇りもないその叫びは、日本の司法の〝常識〟を当たり前と捉《とら》えていた私の心を揺さぶった。

そして、その説得力は、のちに日本全国の人々を共感させ、最後には、山のように動かなかった司法の世界そのものを突き動かすことになる。

こうして、本村にとって、苦闘の歳月が始まった。

それから九年。

一審の山口地裁、二審の広島高裁とも無期懲役。だが、最高裁での差し戻し判決。その末に青年は、ふたたび広島高裁での差し戻し控訴審に臨んだ。

二〇〇八年四月二十二日、広島高裁のある広島市中区上八丁堀《かみはっちょうぼり》は、喧噪《けんそう》に包まれていた。頭上を舞うヘリコプター、すべての局が設けた生中継のための特設スタジオ、わずか二十六枚の傍聴券を求めて、広島高裁を取り巻いた三千八百八十六人もの人人……。あの九年前の夏、山口地裁での初公判の時に、この事態を想像した人が誰かいただろうか。

何度も挫折《ざせつ》を繰り返し、司法の厚い壁に跳ね返され、絶望の淵《ふち》に立ちながらも、青年はこの日、ついに犯人の「死刑判決」を勝ち取った。

人は、これを九年にわたる青年の「孤高の闘い」だったという。巨大弁護団を一人で敵にまわして、今は亡《な》き妻と娘のために、若者が愛と信念の闘いを最後まで貫いた——と。

だが、その裏には、この九年間、青年を支えつづけた、これまた信念の人たちがいた。

闘いに敗れ、自殺をも考えたこの青年を、その度に「闘いの場」に引き戻し、正義の力を説きつづけた人たちがいた。

これは、妻と娘を殺された一人の青年の軌跡と、その青年を支え、励まし、最後まで毅然《きぜん》たる姿勢を貫かせ、応援しつづけた人たちの物語である。

第一章　驚愕《きょうがく》の光景

「うん？　どうしたんだ」

本村洋は、自宅のドアノブに手をかけた瞬間、いやな予感が走った。

部屋に電気もついていない上に、いつもかかっているはずの鍵《かぎ》がかかっていない。

湧《わ》き起こる胸騒ぎを抑えるように、そっとドアを開けてみた。

無機質な、古いドア特有の軋《きし》む金属音が本村の耳に響いた。

人のいる気配がない。

手探りで電気をつけた。

静まり返った部屋。いつも明るい妻と娘の笑い声に満ちている空間が、不気味な静寂に包まれていた。

「弥生」「弥生……」

戸口に立ったまま、妻の名を呼んでみた。だが、返事はない。

玄関を入って左にある台所。誰もいない。洗いものがそのまま置かれている。

どうしたんだ。

本村は部屋に入っていった。

奥の居間に入った時、これはおかしい、と思った。

テーブルやカーペットの位置がずれ、座椅子《ざいす》が倒れている。ストーブの上にあるはずのやかんが下に転げ落ちている。赤ちゃんが近づけないようにストーブを囲っているセーフガードも不自然にひしゃげている。

明らかにおかしい。

「何かがあった」――胸の鼓動が高まってくるのを本村は感じた。

いったいどうしたんだ？　何があったんだ。

「弥生、弥生」

名前を呼んでも相変わらず、返事はなかった。

一九九九年四月十四日午後十時前。家族団欒《だんらん》のわが家は、〝音〟というものが完全に消え失《う》せた奇妙な空間と化していた。

山口県光市。

東西に長い山口県の東南部に位置し、瀬戸内海の西部である周防灘《すおうなだ》に面した町である。戦前には海軍の軍事工場を抱え、戦後は周南《しゅうなん》工業地帯の一画として発展してきた。その東南部・室積沖田《むろづみおきた》で一家は暮らしていた。

沖田アパートと呼ばれる新日本製鐵《せいてつ》の社宅は、団地群を成している。全二十棟がおよそ四万平方メートルの敷地内に建つ。古ぼけたその社宅の第七棟の四階が本村の自宅だった。

沖田アパートのある光市の室積地区は、平安の昔より山陽海路を行き交う船が立ち寄る港として栄えた室積湾にほど近い。その湾を包むようにして伸びる室積半島の根本から、ゆるやかな弧を描くように白砂青松《はくしゃせいしょう》の海岸線が約五キロにわたって続く。夏になると、海水浴客で賑《にぎ》わい、いつも子供たちの歓声が絶えない風光明媚《めいび》な場所である。

本村は、広島大学工学部を卒業して新日本製鐵に入社した二年目の若手エンジニアだ。同社の光製鉄所に配属されて、まだ一年も経《た》っていない。

本村の父・敏（四九）も、以前は新日鐵のエンジニアだった。現在は退職して異なる仕事をしているが、親子二代にわたる新日鐵のエンジニアというのは、さすがに珍しかった。

この時、本村は連日、残業に追われていた。

同社の製鋼技術グループの若手である本村には、ある課題が与えられ、ちょうどその仕事が仕上げ段階に入っていた。

本村には、持病がある。ネフローゼ症候群（腎臓《じんぞう》疾患）である。光製鉄所に配属が決まったのが前年の七月。そのわずか数カ月後に持病が悪化し、秋から年明けまで光市立病院で入院生活をおくっている。職場に復帰したのは、年が明けてからだ。

「職場に迷惑をかけてしまった」

そんな思いと生来のまじめな性格が、残業に余計、拍車をかけていた。

学生結婚した妻・弥生との間には、入社直後の五月十一日、夕夏が生まれていた。まだ愛知で研修中だった本村は、門司《もじ》の産科医院に駆けつけ、目がくりくりっとした、自分にそっくりの可愛《かわい》い女の赤ちゃんと対面している。

持病再発で、家族初めてのクリスマスもお正月も、本村は病院から外泊許可をもらって過ごした。二人の存在は本村にとって、生きる希望であり、糧《かて》だった。

その二人がいない。

こんな時間になんだろう。ひょっとして外にいるのか。

弥生は夕夏が泣きやまない時、たまに戸外へ出てあやすことがあった。胸騒ぎを抑えながら、本村は一旦《いったん》、外に出てみた。

公園やゴミ捨て場の方を見にいってみた。

しかし、どこにも二人の姿はなかった。ひょっとして急病かケガで、慌《あわ》てて病院にでも行ったのだろうか。

「実家のお義母《かあ》さんが何か知っているかもしれない」

そう思った本村は、北九州・門司に住んでいる弥生の母に自宅のコードレスホンから電話を入れてみた。

本村弥生の母・由利子（五〇）のもとに、「洋さん」から電話が入ったのは、午後十時頃である。

野球中継も終わり、由利子はちょうど寝る準備を始めた時だった。

由利子は、弥生が十一歳の時に夫と離婚し、弥生と五つ下の妹の二人を連れて家を出た。決して裕福とは言えない母子家庭で二人の姉妹を育て上げた由利子にとって、長女の弥生は頼りになる存在だった。優しく頭のいい〝お姉ちゃん〟が産んだ初孫の夕夏は、目に入れても痛くないほど可愛かった。

「弥生と夕夏の姿が見えないんですけど、なにかご存じないですか？」

由利子は、突然の電話に驚きながら、

「何も聞いてないわよ。夕夏をおんぶする抱っこひもや出掛けるときのバッグはどうなっているの？ 洋さん、ちょっとそれを見てみて」

と、返事をした。

「ハイ、わかりました」

いつもの明るい「洋さん」の声が受話器の向こうから由利子の耳に響いていた。

抱っこひもやバッグは、いつも押し入れの中にある。

本村は、居間の押し入れの左の襖《ふすま》を開けた。

その瞬間――。

本村の視界に異様なものが映った。

押し入れの下の段に、座布団《ざぶとん》の隙間《すきま》から靴下を履いたままの人間の足首が見えたのだ。

「！」

息を呑《の》んだ本村は、もの凄《すご》い勢いで、今度は右側の襖を開けた。

そこにはむこう向きに人間の形をしたものが押し込められ、手前から座布団が四、五枚かけられていた。

座布団が、狭いスペースに押し込んだその人間を隠すように立てかけられているのだ。

本村は、座布団をはねのけた。

恐ろしい光景だった。

口をガムテープで塞《ふさ》がれた最愛の妻・弥生が、着ていたカーディガンを腕にまきつけたまま、むこう向きで手を頭の上で縛られ、全裸の状態で息絶えていた。

本村には、妻が何をされたか、ひと目でわかった。

目を薄く開いたまま絶命していた妻の顔は、ところどころ青紫に鬱血《うっけつ》していた。それは、その朝、夕夏と一緒に自分をにこやかに送り出してくれた美しい弥生ではなかった。

無念の中、苦しみ、もがきながら死んだことを、妻は夫に、容赦なく伝えていた。

「どうしたの？　何があったの？」

受話器の向こうで由利子が叫んでいた。本村は義母との電話のまま、弥生の遺体を発見したのである。

「ダメです、弥生が……。もうダメです。死んでいます……」

本村は、そう繰り返した。由利子には、その声が、無理に冷静さを装《よそお》うような沈んだものに聞こえた。

「何？　何があったの。何かの間違いじゃないの？　触ってみて！」

由利子は受話器を握ったまま、必死だった。

本村は、そっと弥生の肩を揺すってみた。

ぞっとするほど冷たかった。硬直した身体《からだ》に、いつもの妻の温《ぬく》もりはなかった。

「お義母さん……弥生が冷たくなっています……」

それだけ言うと、電話が切れた。

ツー、ツー……

いったいどうしたの？　由利子の叫びは届かなかった。

「弥生、どうしたの？　大丈夫か、弥生……」

我を失った本村は、そっと妻に語りかけてみた。しかし、妻はぴくりとも動かなかった。

若い夫は、ただ立ち尽くした。妻から視線を逸《そ》らすこともできなかった。いや視線を逸らすことが怖かった。

茫然《ぼうぜん》と、本村は、ただ茫然と、妻を見下ろしていた。

身体が固まってしまった夫は、この時、死ぬ寸前まで助けを求めて自分の名を呼んだであろう妻を、抱きしめることができなかった。それどころか、妻の変わり果てた姿に恐怖すら感じていた。

のちに、本村は、そのことで得体の知れない罪悪感を抱くようになる。だが、この時、本村には、そんな感情すら湧いてこなかった。動転した本村は、行方のわからない夕夏を探す行動すらとっていない。

夕夏はどうしたんだろう。夕夏は生きているのか。夕夏は助かるんだろうか。

そんなことを自問自答しているのに、肝心の身体が動かないのである。我を忘れた本村は、妻を抱くことも、そしてその場にいない娘を探すこともできなかったのだ。

いくら動転していようと、それは本村自身にとって「許せない」ことだった。金縛りにあったように本村は、立ち尽くしたままだった。

蛍光灯がにぶく照らす古い社宅の一室。そこで、妻の惨殺《ざんさつ》体をただ見下ろす夫。それからどれだけの時間が経ったのだろう。

十分か、二十分か。本村は〝時間の感覚〟を失っていた。

その間、由利子は必死で電話をかけつづけていた。

何があったの。弥生と夕夏に何があったの……？

必死だった。しかし、電話はなぜか話し中のままつながらなかった。

本村は、この時〝夢の中〟にいた。頭の中で必死に「現実」を拒絶しようとする自分がいた。

本村は、やっとのことで一一〇番をした。

「妻が殺されています……」

蚊の鳴くような声で、本村はそれだけを告げるのが精一杯だった。その後、何を警察と話したか、全く覚えていない。

一方、弥生の母・由利子には、何があったのかわからなかった。しかし、「何か」があったことは間違いなかった。電話がつながらない、不安な時間が刻々と過ぎていった。

「洋さんは無事です」

ラジオに事件の第一報が流れるのは早かった。

たまたま車の運転をしながらカーラジオをつけていた本村の叔父・剛（四五）が、

「山口県光市で本村弥生さんと生後十一カ月の夕夏ちゃんが殺害されました」

というニュースを聞くのは、午後十一時台のことだ。

「えっ？」

たしかに言った。光市で母子が殺害された、と。本村弥生と夕夏が殺害された、と。

そう聞こえた。

何かの間違いかもしれない――そう思った剛は、北九州の小倉に住む本村の父・敏のもとに直接電話をするのではなく、まず次兄の修（四七）の家に連絡を入れている。敏は三人兄弟の長男だった。

「まさか……」

弥生と夕夏は、ほんの三週間ほど前の三月二十一日、ステーションホテル小倉の和食店の一角を借り切って、両家の親戚《しんせき》にお披露目をされたばかりだった。学生結婚のため、披露宴もしていなかった本村夫妻は、ようやくこの時、叔父叔母をはじめ、親戚に初めて顔見せし、全員で記念写真を撮ったばかりだったのである。

あの綺麗《きれい》なお嫁さんと赤ちゃんが殺された？　そんなバカな……。

修の妻が、夜中であることを遠慮しながら本村の実家に電話をしてきたのは、もう日付が変わる十二時前のことだ。

二階の寝室ですでに床についていた本村の両親は、階下で電話が鳴っているのに気づき、母親の恵子（四九）が一階に降りて来た。

「もしもし」

「お義姉《ねえ》さん？　こんな夜中にすみません。光市で事件があったって、テレビのニュースで流れているんだけど……。ちょっとテレビをつけてもらえないかしら」

事件？ テレビで報道――？

恵子は、驚いてテレビをつけた。しかし、どこもニュースはやっていない。敏も階下に降りてきた。

十分ほど経った。

NHKのこの日最後のニュースが始まった。

画面には見覚えのある新日鐵アパートの息子の住居が映し出された。カーテン越しに警察官が部屋の中を検証している姿が見える。

間違いなく息子一家が住む部屋だった。

弥生と夕夏が殺害された。なぜ？ 洋はどうなった？

「……」

二人は無言のまま顔を見合わせた。

恵子はすぐに受話器を手に取った。息子に電話を入れようとしたのだ。だが、まともに番号を押せなかった。動揺で、指が思ったところにいかない。何度も失敗した。

やっとのことで目的の番号を押せた。

「もしもし」

電話に出たのは、見知らぬ男だった。

どなたですかと問うと、警察の人間だという。恵子は思い切って聞いた。

「あのう、ニュースで見たんですが、誰が死んだんですか」

単刀直入にそう問うた。

「お宅、どなたですか?」

と警察官。恵子は、

「洋の母です」

と、答えた。ひと呼吸おいて、警察官はこう言った。

「洋さんは無事です」

洋は無事? じゃああとの二人は?

疑問が恵子の口をついて出た。だが、警察官は答えない。

これは大変なことになった——。

敏と恵子は即座に、夜を徹して車を飛ばし、光市へ向かうことを決める。

「すぐテレビをつけてください!」

本村の直属の上司である新日鐵光製鉄所の製鋼工場長・日高良一(四五)が部下か

ら切迫した電話をもらったのは、日付が変わる直前のことである。

「本村君の奥さんとお子さんが殺されたというニュースが流れています！」

日高の耳元で、部下の声が谺《こだま》した。

その脳裏に、その日も懸命に仕事をしていた本村の姿が浮かんだ。日高は、すぐにテレビをつけた。

間もなくニュースが流れてきた。

「これは……」

日高はニュースで事件を確認すると、ただちに総務関係など社内の関係部署に連絡し、部下に光警察署に行き、朝までそこに詰めるよう指示をした。

本村が家族思いで、周囲も羨《うらや》むような仲睦《むつ》まじい夫婦であることは日高も知っている。

その奥さんと子供が殺された。

大変な事態だった。

その頃、本村はすでに〝外部〟との連絡を一切遮断されていた。

一報を受けてやって来た光警察署の署員たちに、身柄を確保されていたのだ。本村は、この時、第一発見者であり、同時に容疑者だったのである。

本村は、同じ社宅四階の対面にある先輩社員の部屋を借りて、まず最初の事情聴取を受けていた。

光署の刑事が、本村からさまざまなことを聴いていった。

発見した時の状況、それまで何をしていたか、この日は職場でどんなことをしていたのか、それを証明できる人は誰か……。

一時間ほどの聴取のあと、本村は光署に連れて行かれた。そこでは、本格的な取り調べが待っていた。

光警察署の二階にある殺風景な取調室。入った瞬間、本村は、息が詰まるような思いにとらわれた。混乱と絶望、悲しみと動揺が、本村の全身を包んでいた。

本村はまだ現実を拒否しようとしていた。

これは嘘《うそ》だ。夢だ。なにかの間違いだ——殺風景な部屋の、堅い椅子《いす》に座らされた時、本村は必死でそう叫ぼうとしていた。しかし、その時、変わり果てた弥生の姿が本村の目に浮かんできた。

夕夏はどうしているんだ。生きているのか。誰か夕夏の居場所を教えてくれ。

本村の目は、狂気を帯びたような光をたたえていた。

「これから本村さんの聴取を担当します山口県警捜査一課の奥村です」

男は、部屋に入って来るなり、そう名乗った。丁寧な口調だが、有無を言わせぬ迫力があった。

年は見たところ、四十を越えたばかりだ。身体は痩《や》せぎす、頭は角刈りで、太い眉《まゆ》に、銀縁のメガネ、その奥から、ぎょろりとした目がのぞいている。

この時、重大事件発生の一報を受けて、県警捜査一課の猛者《もさ》たちが続々、現場に集結していた。

いかにも脂《あぶら》の乗りきった奥村哲郎という警部補は、殺人担当の刑事たちが持つ独特の迫力と、愛嬌《あいきょう》のある風貌、そして人情味溢《あふ》れる語り口を併せ持っていた。

奥村は、本村との〝攻防〟をさっそくスタートさせた。

「本村さん、まず発見の状況から教えてください」

発見の状況？ その話は、光署の刑事についさっきしたばかりだ。また同じことを言わなければならないのか。そんな時間があったら、早く夕夏を探してくれ。

本村の胸に怒りがふつふつと湧《わ》いてきた。しかし、奥村はそんな本村の気持ちなど一向に気にするようすもない。淡々と、かつ容赦なく質問を重ねた。

発見の状況、その朝の妻のようす、その日、仕事は何をしたか、目撃者はいるか、書類はどんなものをつくって誰に渡したか、日頃の夫婦仲、知り合うきっかけから交友関係……奥村は、ありとあらゆることを聴いていった。

火花が散ったのは、本村がかけた一一〇番について、である。

「本村さん、あなた、なんで一一〇番をしたんですか？」

「……？」

本村には、意味がわからない。

「家族に何かあったら、ふつうは、救急車を呼ぶものでしょう？　あなた、なぜ一一〇番をしたの？」

奥村は、本村の目から視線を離さず、そう聞いた。

本村は答えられなかった。

そもそも妻の変わり果てた姿を見た瞬間から、本村は自分自身を見失っている。冷静な判断ができる状態ではなかった。なぜ、と聞かれても、本村には答えようがなかった。

部屋の中を気まずい雰囲気が覆《おお》った。すでに夜中の三時を過ぎている。夜を徹した聴取だった。

「気が動転してしまって……」

と、本村。そして、こうつけ加えた。

「(妻の)肩を揺すったら、冷たかったので……。それで、死んでいると思って……」

その瞬間である。

奥村が声を上げた。

「いま、死んでいる、と言ったな！　さっきは、肩を触っただけだと言ったじゃないか。君は、確認もしていないのに、なぜ死んだとわかったんだ！」

淡々とした口調から、いきなりの変貌《へんぼう》だった。奥村刑事は、目を剝《む》いてそう追及した。

「わかりません。混乱してしまって……」

それは偽りない本音だった。自分自身でもなぜ一一〇番をしたのか、理由がわからないのだ。本村はようやく、逆に、

「妻は死んでいるんですか？」

と、聞いた。

「いま調査中だ」

奥村は、そう言って本村を突き放した。仮にこの若者が犯人なら、必ず〝秘密の暴

露〟がある。そのためには、警察から余計な情報を与えるわけにはいかなかった。

「ところで、娘さんはいくつですか？」

と、奥村が問う。

「十一ヵ月です」

と、本村。

「その娘さんはどうしたの？」

と奥村は聞いた。本村は、わかりません、としか答えようがない。

「君は、娘さんが見つからないのに、探してもいないのか」

と、奥村はさらに追及してきた。

「妻の状況を見て、（動揺して）とても探せませんでした……」

本村はそう言った。

「夕夏は大丈夫なんでしょうか？」

たまらず本村は聞いた。だが、奥村は、

「調査中だ」

と、こちらも答えない。

弥生の生死も、夕夏の行方についても、奥村は何も教えてくれないのである。

俺は容疑者なんだ……。本村にとって、もどかしく、苛立《いらだ》つような絶望の時間が過ぎていった。

朝五時頃のことだった。外がうっすらと明るくなりかけていた。本村も疲れていた。追及する奥村も疲労困憊《こんぱい》だった。

その時、捜査官たちが廊下で話す声が本村の耳に入ってきた。重大事件が発生した光署では、その時間でも誰も寝ていない。

「検死の結果を持ってこい」

「わかりました。すぐ持って行きます」

バタバタとした廊下から、捜査官同士のそんな話し声が偶然、二人の耳に入った。

「今の〝検死の結果〟というのはどういう意味ですか。死んだということなんですか」

「……」

奥村は、一瞬の沈黙のあと、こう言った。

「残念ながら、娘さんは遺体で発見されました……」

「えっ」

その時のことを本村は、生涯忘れられないだろう。

「もしかしたら夕夏だけは生きているかもしれない」

その一縷《いちる》の望みを断たれた瞬間、本村は、ブルブルと悪寒《おかん》に襲われたように震えが止まらなくなった。

表現しようのない絶望と怒りが心の底から噴き出してきたのだ。

夕夏がいない。夕夏が死んだ。弥生を失った上に、二人の愛の結晶である夕夏までいなくなってしまった。なぜものも言えない赤ん坊まで――。

自分には何もない。もう何も残っていない。

家族の命を守れなかった。助けを呼ぶ家族を救うことができなかった。いや、生きるためのすべてが自分にはなくなってしまった。

本村の震えは、いつまでも止まらなかった。

奥村は、無言だった。静かにこの青年の慟哭《どうこく》を見守るしかなかった。

第二章　死に化粧

本村の両親は、山口県光市に向かって夜を徹して車を飛ばした。

北九州市の小倉南区から、まず門司の弥生の母のもとに駆けつけた本村敏、恵子の夫妻は、その足で光市に向かったのだった。

門司では、弥生の母・由利子のもとに、下関《しものせき》警察署から捜査官がまもなく到着するところだった。

由利子が突然話し中になった本村の家に電話をかけ続け、やっとそれがつながったのは、一時間以上経過してからのことである。

電話口に出たのは、本村の母・恵子がかけた時と同じく、やはり警察官だった。

由利子は事件を知った。最愛の娘の死を知った。そして、孫の死を。

現場に駆けつけた光署の署員は、押し入れの中で変わり果てた弥生を確認した後、すぐに天袋の中から、夕夏の遺体を発見していた。

やはり〝異変〟は本当だったのだ。「洋さん」の電話で、覚悟はしていた。それでも、ひょっとしたら、というかすかな望みがあった。

しかし、悪夢は現実となった。由利子は、溢《あふ》れる涙をどうすることもできなかった。生まれてからの弥生の姿が次々と浮かんだ。赤ちゃんの頃、おしゃまだった幼稚園の頃、母親を助けて家事を手伝ってくれた思春期の頃……。弥生が小学六年になった時に夫と離婚した由利子は、母子家庭の中で、弥生と、五つ下の妹を育てた。経済的に苦労をかけた。贅沢《ぜいたく》をさせたことは一度もない。しかし、弥生は不満ひとつ言わず、この母を支えてくれた。

その弥生が死んだ。由利子は、ただ泣いた。そして、幸せ薄かった夕夏が不憫《ふびん》でならなかった。むせび泣く由利子に誰も声をかけることはできなかった。

間もなく山口県警から電話が入った。下関署の署員が向かう、という連絡だった。事件は起きたばかりである。なぜ惨劇が起こったのか。どうして二人が狙《ねら》われたのか。何もわかっていなかった。

門司と下関は目と鼻の先である。

山口県警の中で真っ先に駆けつけられるのは、たしかに下関署の署員だった。すべては急を要していた。

被害者の弥生について一番の事情通は、母・由利子である。その由利子への聴取のために、下関からすでにこの真夜中、捜査官が向かっていたのだ。

敏と恵子が由利子の家に立ち寄ったのは、下関署の署員が着く直前のことだった。

両家の親たちに言葉はなかった。

悄然《しょうぜん》と涙を流しあった。しかし、時間に余裕はない。

本村の両親は、そのまま門司インターチェンジから高速に入り、すぐに関門橋を渡って中国自動車道に乗った。夜通し走り続けて朝までには、光市に着くつもりだった。

「洋は、どうなった」「洋に会わなければ……」

敏と恵子は、車の中で無言だった。

九州側から東に向かって中国自動車道をひた走り、小郡《おごおり》インターチェンジを越えると、間もなく山口ジャンクションに辿《たど》り着く。ここで行く手はふたつに分かれる。そのまま内陸部を突っ切って広島、岡山、関西方面へ向かう中国自動車道そのものと、瀬戸内海に沿って関西へ向かう山陽自動車道である。

敏は、ハンドルを右に切り、防府《ほうふ》、徳山方面に向かう山陽自動車道を進んだ。日が昇り始める瀬戸内海を右に見ながら、光警察署に到着した時には、すでに時計の針は六時を指していた。

「本村洋の両親です」

九州から夜を徹してやってきた両親は、急ぎ署内へ駆け込んだ。一刻も早く息子に会いたいと両親は願い出たが、その望みはすぐにはかなえてもらえなかった。二人を待っていたのは、事情聴取だった。

夫婦はそのまま別室に通され、それぞれが捜査官に聴取を受けたのである。

「どんな息子さんでしたか」

「いつ頃から弥生さんとつき合っていたのでしょうか」

「息子さんにはほかに彼女がいたんでしょうか」

根掘り葉掘り質問はつづいた。朝六時過ぎに始まった聴取は、六時間以上にわたり、やがて昼になった。途中、恵子は、

「それは、洋が犯人という意味ですか？」

と、捜査官に問いただしたほどだった。

「いえ、ご気分を悪くされるかもしれませんが、どうしてもシロかクロかをはっきりさせなければなりません。自分たちがたとえシロとわかっていても、事情は聞かなければならないのです。ご理解ください」

父も母も、哀《かな》しみのどん底に放り込まれている息子を一刻も早く励まし、慰めなけ

ればならなかった。息子がどれほどの絶望の中にいるか、両親にはわかっていた。

やっと面会がかなったのは聴取が終わった昼過ぎのことだった。

二階の小さな部屋に、両親は案内された。そこには、息子が一人、ぽつんと座っていた。

「洋……、大丈夫か」

敏が声をかけた。本村は、ハッと顔を上げた。九州にいるはずの両親がそこにいたことに一瞬、驚いたようだったが、

「僕は大丈夫」

とだけ言ってうつむいた。息子はこんな状況でも親を気遣って、「大丈夫」としか言わなかった。

不憫でならなかった。最愛の家族を失い、哀しみをたった一人でこらえている。横に座った恵子は、わが子の背中に手をまわして、そっと抱いた。

震えていた。小刻みだが、息子の背中はぶるぶると震えていた。涙が溢れた母は、息子にかける言葉を見つけられなかった。

夢に出た二人

本村が警察の聴取から解放されたのは、その日の夕方になってからである。被害者の夫が長時間の取り調べを受けていることは、すでにマスコミにも漏れていた。光署のまわりを報道陣が取り巻いていた。

上司の日高良一が、本村を迎えに光署に入ったのは、午後五時半のことである。日高は、朝七時にも光署に来ていた。しかし、やはり本村に会わせてもらうことはできなかった。昨夜から警察に詰めていた部下を別の者と交代させ、日高は署員から状況を聞いた。

日高は、本村がどれだけ家庭を大事に思っている男かを知っている。疑いはすぐ晴れる、と思った。

それより葬儀の段取りに入らなければならない。出社した日高は、ただちに動き始めた。

葬儀は、光市の隣、下松《くだまつ》市の「おおすみ会館」と決定した。遠くからやってくる親族の宿泊も可能だし、報道陣をシャットアウトするにも、便利なつくりだった。

本村の新日鐵の同期生をはじめ、およそ三十名に通夜参加を要請し、さらに両親からは、「葬儀は静かにおこないたい」との要望があり、マスコミを規制する通夜会場整理のために数十名の追加の手伝いを会社側は決定した。

慌《あわ》ただしく準備は進んだ。

日高のもとに光署から、本村の仮通夜出席が可能だとの連絡が入ったのは、午後五時のことである。翌日の本通夜の前に、二時間後には仮通夜が営まれることになっていた。

本村の聴取はそこまで続いていたのである。

光署に迎えに行った日高は、二階の一室で、事件後初めて、本村に会った。

「本村君、大丈夫か」

日高が訊《き》くと、憔悴《しょうすい》した本村は、「大丈夫です」と気丈に答えた。

「悲しい出来事が起こったが、マスコミも大勢来ている。いろんな取り上げ方をされるかもしれん。気をしっかりもって、良識ある行動をとりなさい」

そう言うと、本村は頷《うなず》いた。

日高は本村を仮通夜の会場である「おおすみ会館」に自家用車で連れて行こうと思ったが、そのまま正面から出たら、玄関にたむろしている報道陣に取り囲まれて大混乱になってしまう。日高が光署に入る時、新聞、雑誌のカメラマンやテレビ・クルーたちのうろうろする姿が目に入っていた。

日高たちは玄関を避けて、駐車場への横の出口から、警察の職員五、六人と一緒に退勤を装《よそお》って外に出た。

おおすみ会館のある下松へ向かう国道百八十八号線を走る車中、本村は言葉をほとんど発しなかった。日高が話しかけても本村は、頷くだけである。哀しみを必死にこらえている部下を乗せた日高の自家用車の中に、重い沈黙だけがのしかかっていた。

仮通夜は、午後七時から始まった。

司法解剖のため、二人の遺体はまだない。遺影だけの仮通夜だった。会場にポツンと立つ若い夫の姿は、参列者の涙を誘った。

弥生と夕夏の棺《ひつぎ》が大学病院からおおすみ会館に到着したのは、翌四月十六日、本通夜が始まる直前である。

司法解剖のために、まる一昼夜以上、二人の遺体は、家族から引き離されていた。

夕夏の棺は、ひときわ小さく、それを見た参列者はハンカチで目頭を押さえた。棺は、ただちに遺族たちがいる会館の二階に運ばれた。

「弥生ちゃん！」

声を発して駆け寄ったのは、弥生の母・由利子である。

由利子は、事件後、まだ娘との対面を果たしていなかった。運ばれてきた棺が目に入ると、由利子は、われを忘れて駆け寄ったのだ。

家族も、葬儀の関係者も、その光景に息を呑《の》んだ。棺にとりすがって慟哭《どうこく》する由利子は、やがて弥生の遺体に化粧を施し始めたのである。

最初は、愛《いと》おしそうに額や頰を撫《な》でていた由利子が、自分のファンデーションを取り出し、わが娘《こ》の死に顔をととのえ始めたのだ。

「弥生ちゃん……つらかったね……、痛かったね……」

泣きながら、母は娘にそう語りかけた。そこは、母と娘、ふたりだけの空間だった。誰も近づけなかった。わが子に対する母親の鬼気迫る愛情が、誰一人寄せつけなかったのである。

弥生に残された司法解剖の傷は痛々しかった。頭頂部には、解剖用の太い糸で縫合した跡が残されていた。母は、その傷を見えないようにし、少しでも生前のきれいな娘に近づけようと、必死で化粧を施していたのだ。

夫の本村でさえ、近づくことはできなかった。

棺にとりすがって泣きたい衝動に駆られた本村も、母と娘との貴重な時間と空間を侵してはならないと思った。本村も、そして敏も、恵子もその光景を遠巻きにしたままあふれる涙を拭《ぬぐ》おうともせず、じっと見つめていた。

本村が、棺の中で眠る白装束を着た弥生と夕夏にやっと再会したのは、本通夜が始まる寸前である。この時、義母の手によって紅《べに》をさされた妻を見た。

化粧をしても隠しきれない傷跡は痛々しかった。しかし、弥生の顔が少し安らかに見えた。義母のおかげだった。本村は、強烈な母親の愛情を弥生の死に化粧に垣間《かいま》見た。

本通夜は、一時間ほどで終わった。

「明日が葬儀なので、故人とは今夜が一緒に過ごす最後となります。ゆっくりお過ごしください」

葬儀場の人間が本村たちにそう声をかけた。

本村は、家族で過ごす夜がこの日で最後になることに初めて気づいた。いま思えば、弥生と夕夏との最後の夜なんだ……そんなことを漠然と考えていた。

本村は、夢うつつのまま、すべての時間を過ごしていたのかもしれない。

おおすみ会館は、葬儀場のすぐ横に、畳の広間がある。ここで、通夜が終わったあと、家族は故人と最後の夜を過ごすことができるようになっている。

棺は、葬儀場からそのままキャスター付きの台で広間に運ばれ、安置された。

本村はこの夜、親子三人で川の字になって寝た。

弥生の棺、そしてちっちゃな夕夏の棺。その横に、本村は布団を敷いてもらい、眠りについた。ほかの親族は、三人だけの夜を邪魔してはならないと、少し離れたところに床をとった。

夢を見た。

本村は普段、ほとんど夢を見たことがない。しかし、この夜だけは、特別だった。

弥生と夕夏と自分、三人の夢である。

アーチ型の橋を、弥生と夕夏の二人が一生懸命登っていた。おいっちにい、おいっちにい、おいっちにい……。ちょうど夕夏は、伝い歩きを始めたばかりだった。

風景は、家族三人で行ったことがある思い出の地・錦帯橋《きんたいきょう》（山口県岩国《いわくに》市）に違いない。そこを、弥生が夕夏の両手を持って、よっこいしょ、よっこいしょと、歩かせている。

弥生の顔はこっち向きだ。夕夏は背中を見せて、一生懸命歩いていく。時々、夕夏が本村の方を振り向いて笑っている。得意そうだった。弥生も満面の笑顔だ。

しかし、なぜか自分は、声をかけるでもなく、それを見守っているだけだった。ただ彼岸へ向かう二人を見て、佇《たたず》んでいるのである。

二人は、だんだんと遠ざかっている。おいっちにい、おいっちにい……。しかし、本村には、それをどうすることもできない。なぜ自分は声も出さないんだろう、と思った。

目が醒《さ》めた。

はっと横を向くと、隣には、二つの棺があった。

今のは夢だったのだろうか。たしかに現実の世界には、もう弥生も夕夏もいない。しかし、それはあまりに鮮明な映像だった。二人は、パパを見てあれだけ満面の笑みを浮かべていたではないか。ひょっとしたら二人は生きているのではないか。そんな気がした。

でも、夢でしか会えない。無性に叫びたくなった。この虚《むな》しさを、このどうにもならない哀しみを、誰かに知って欲しい。

真っ暗な葬儀場。物音ひとつしない。本村は二つの棺の横で、ひとり項垂《うなだ》れていた。

家族最後の夜は、こうして終わった。

これ以後、二人は一度も夢に出てきてくれない、と本村は言う。

翌日の葬儀には、多くの人が参列した。はるばる九州からも本村と弥生、二人の共通の友人が足を運んでくれた。

「犯人を絶対に許すことはできません」

出棺に際して、父・敏は会葬の御礼の挨拶《あいさつ》の中でそう語った。こらえきれず、参列者の間からすすり泣きが漏れた。

二人は、荼毘《だび》にふされた。

まだ十一カ月に過ぎない夕夏は、骨というより粉となっていた。その骨灰《こつばい》を見た時、遺族から新たな涙があふれ出た。

この時、本村は、あまりに大きな喪失感によって、犯人への憎悪《ぞうお》さえ忘れていた。

本村の中に激しい憎しみが湧《わ》いてくるのは、犯人が逮捕されて以降のことである。

第三章　難病と授かった命

本村が生まれたのは、母・恵子の実家がある大阪府堺《さかい》市である。一九七六年三月十九日のことだ。

福岡出身の父・敏は、新日鐵堺製鉄所に勤めるエンジニアで、靴下メーカーの「福助」に勤めていた母・恵子と組合活動を通じて知り合った。

一九七〇年代は、組合活動全盛の時代だ。企業内の組合活動はどこも活発で、横のつながりも深かった。それぞれの組合には、青年婦人対策部が設けられ、若い社員の獲得と、交流を熱心におこなっていた。

組合員同士のハイキングなど、レクリエーションは毎週のようにおこなわれており、二人は勤める会社こそ違うものの、そういう組合員同士の交流を通じて知り合ったのだ。

本村には、二つ上の姉がいる。その姉が誕生して間もなく、一家は父の転職で小倉に移り住んだ。本村は、無法松《むほうまつ》で知られる小倉の豪気な男たちの中で育った。生真面目《きまじめ》だが、頑固で、たとえ相手が強大なものであっても一歩も引かない本村の性分は、小倉の男たちが持つ共通のものかもしれない。

本村は、小さい頃から、疑問をそのままにしておかない子供だった。何かを尋ねた時、恵子が適当に答えようものなら、「なんで？　なんで？」と、いつまでも追究をやめない子だったという。

やんちゃな男の子として、すくすく育った本村少年の通信簿には、

「人の世話ばかりしないで、先に自分のことをやるように」

という先生からの〝注文〟がよくつけられていた。

世話好きで賢いこの男の子は、地元の曽根《そね》中学に入って、テニス部に入部した。福岡県はテニスが盛んな土地柄である。テニス界の名門・柳川《やながわ》高校（旧・柳川商業）など、全国でトップレベルの学校がいくつもある。

古くは日本テニス界の黎明《れいめい》期を築いた熊谷一弥《くまがいいちや》や、世界ランキングでベストテン入りを果たした山岸二郎、また、史上最多の全日本テニス選手権シングルス優勝七回を誇る福井烈《つよし》など、多くの名プレーヤーを生み出している。

テニスにのめり込んでいった本村少年は、次第に「高校に入ったら、さらに本格的

にテニスをやる」という望みを持つようになった。

だが、真っ黒になってテニスボールを追うこの中学生の夢がかなうことはなかった。

本村は、中学生活の総決算を迎えた三年生の夏、突如、病魔に襲われたのである。

「身体《からだ》がだるい。喉《のど》が渇《かわ》く……」

本村が身体の異変に気づいたのは、一九九〇年の七月に入ってからである。

これは筋肉が付き始めたということなのか。本村は、夏の猛練習がつづく中、急に身体が大きくなったような錯覚に囚《とら》われた。

皮膚が外に向かって張りだしたような、なんとなく膨らんでいる気がしたのである。

実際に計ってみると、体重はそれまでで最高の六十五キロまで増加していた。

ここのところの猛練習で、急に筋肉が付いてきたに違いない。そう考えようとしたものの、それにしては、身体全体がだるい。

練習が長時間になってくると、眩暈《めまい》まで感じるようになってきた。

「どこかおかしい」

そう思いながらも、本村は七月のある日、体調不良を押して、北九州市の大会にダブルスで出場した。

朝起きた時から、眩暈がした。それでもなんとかベスト16まで進んだ本村だが、ついにボールがかすんで見えなくなってしまった。

自分の身体の近くに来るボールさえ見えない。簡単に身体の脇《わき》をボールが抜けていった。

どうしようもないだるさが、試合が進むにつれ、増していく。本村の身体から普段のキレがなくなっていた。

そのうち試合中なのに立ちくらみまでしてきた。

「本村がおかしい……」

誰もがそう思った。

なぜこの球がとれないんだ？ 俺はどうなってるんだ——。

「おまえ、何やってんだ！」

顧問の先生の苛《いら》立《だ》ちも頂点に達した。

ゴツン。

テニスのラケットのへりで、本村は頭を叩《たた》かれた。

「痛っ！」

本村は、頭をさわった。

「へこんでいる……」

ラケットのへりの形のまま、くっきりと頭にくぼみができていた。しかも、そのへこみが元に戻らない。

すでにこの時、本村の頭には腎臓疾患《じんぞう》であるネフローゼ症候群特有の「浮腫《ふしゅ》」の症状が出ていたのだ。

本村たちは、明らかに勝てる相手に負けた。敗因は、本村にあった。ダブルスのコンビを組む仲間に、ベスト16で敗退したことが申し訳なくて仕方なかった。

本村は、そのまま近くの病院へ連れて行かれた。尿検査をした医者は、あわてて総合病院を紹介した。


「筋肉が衰えていく」


北九州市小倉北区にある総合病院「小倉記念病院」の小児科医・佐藤克子（四五）の前に、目元の涼しい、よく日焼けした中学生、本村洋が現れたのは、七月半ばのことである。

やや瞼《まぶた》が腫《は》れ、顔全体にもむくみがあるように感じられた。佐藤は、少年が重度のネフローゼ症候群であることを一目で見てとった。

「大会が近いのです。入院するわけにはいきません」

本村少年は、そう訴えた。

早生まれの本村は、中学三年生でも、まだ十四歳だった。顔には、幼なさと、猛練習で鍛え込んだスポーツ選手特有の精悍《せいかん》さが同居していた。

しかし、本村がどう必死に訴えようと、現代の難病のひとつであるネフローゼ症候群の治療に必要なのは、「絶対安静」だった。入院しても、トイレに歩いて行くことすら許されないほどの安静を要する病気である。

通常、血液中のたんぱく質は、腎臓で濾過《ろか》され、体内に戻るが、腎臓にこの疾患が生じると、濾過機能が低下して尿と共に大量に排出されてしまう。血液中のたんぱく質が減少するのがネフローゼ症候群だ。血管の外に血液の水分が漏れ、全身に水が溜《た》まり、浮腫が生じるのである。

一度よくなっても再発することが多く、小児慢性特定疾患として今も難病に指定されている。

本村がネフローゼで入院すると、テニス部の顧問は必死になった。

「こいつは頑張ったんです。せめて応援だけでも行かせてやってください」

本村の中学は、団体戦で北九州市を制し、福岡県大会へと進出していた。顧問の先生は、本村の努力と猛練習ぶりを知っている。たとえ試合には出られなくてもチームメイトとして、本村の日頃の頑張りに報いてやりたかった。しかし、その懇願を、病院側が受け入れることはなかった。

本村は、絶対安静の上で、ネフローゼの治療に専念することになった。

主治医の佐藤克子が述懐する。

「難病のネフローゼを患《わずら》い、大事な受験の年に本当にかわいそうだと思いました。やはり浮腫がありました。本村君は話をしても頭がよくて、まじめないい少年でした。それなのに、こんな過酷な条件の中で受験をしなければならないなんて、なんて運のない子なんだろう、と思ったものです」

小柄で明るい佐藤は、ベテラン小児科医である。二男一女の母親で、子供は本村と同じ年頃だった。それだけに、消灯が午後八時で、とても受験勉強ができるような環境ではない入院病棟に放り込まれた本村に、特別同情していた。

ステロイド療法が功を奏し、六十五キロもあった本村の体重は、わずか一週間で五十五キロまで落ちた。全身に溜まっていた水分が尿として大量に出始めたのである。

しかし、ステロイドの副作用でどんどん太っていくネフローゼ患者が多い中で、本村はなぜかそのまま痩《や》せていった。

顔こそ、月のように膨《ふくら》むムーンフェイスの症状がやや出たものの、身体は逆に痩せていき、身長が百七十センチを超えているのに、体重は四十七キロまで落ちるという不思議な現象に見舞われた。

何百人に一人という珍しい症状だった。だが、本村にとっては、なにより「筋肉が衰えていく」のがつらかった。どんどん痩せ、筋肉は落ち、顔色も青白くなっていく現実は、本村にいいしれぬ焦燥感をもたらした。

「高校へ行っても、もうテニスはできないのか」

そんなことを自問自答していると、勉強もろくに手がつかなかった。

血で染まったシーツ

およそ二カ月間の入院で九月にようやく退院を果たした本村少年は、その年の十二月、再入院することになる。再発が多いネフローゼ症候群では、なにも珍しいことではない。

だが、本村にとって再入院のショックは大きかった。夏に二カ月余にわたって闘病生活を送ったのに、いざ高校入試が目前に迫っていた十二月、さらに病院での生活が再スタートするのである。それもいつ終わるのかわからない入院だった。ふさぎこむな、という方が無理である。

悶々《もんもん》とした思いで本村は、再び小倉記念病院の門をくぐった。

小児科病棟は、東館三階だ。

本村は、知り尽くした病棟に入っていった。

「お帰り。また戻ってきたね」

落ち込んでいた本村を迎えたのは、前回も共に入院生活をおくった堀田君という一つ年下の中学二年生である。人なつっこい笑顔で迎えてくれた堀田君に、本村はほっとした。

きっと堀田君は、病院に舞い戻ることのつらさを知っていたのだろう。そのとびきりの笑顔は、荒《すさ》んでいた本村に勇気を与えてくれた。

「また将棋ができるね」

受験勉強のことや将来に対する不安で落ち込んでいた本村は、堀田君の明るさに少し救われた。

だが、堀田君は重度の心臓障害を抱え、すでにこの病室で一年以上の闘病生活をおくっていた。しかも、彼の病状は、本村が退院した時より明らかに進行していた。少なくとも本村にはそう思えた。

以前より痩せて見えたし、なにより身体に付けられている医療器具が増えている。あちこちから病状を知るためのデータをとられていた。再入院に反発し、自分はなんて不幸なんだ、と自暴自棄になりかかっていた本村は、それでも明るさを失わない堀田君の笑顔が印象に残った。

二人はまた、暇を見つけては将棋を指すようになった。

本村にとっては、受験勉強をするか、本を読むか、あるいは将棋を指すぐらいしか、入院生活でできることはない。

「正月も病院だね」

そんな話をしながら堀田君と将棋を指していた十二月も押し詰ったある日、

「なんだか疲れちゃった。ちょっと休むね」

と、急に堀田君が身体を横にした。

あんまり具合がよくないのかなあ、と思いながら自分のベッドに戻った本村は、やがて、ヘンだぞ、と思うようになる。

少しだけ休むはずの堀田君がなかなか起きない。

どのくらいの時間が経《た》っただろうか。

ふと、堀田君が息をしていないのでは、と本村は思った。寝息を立てている気配がないのである。

「堀田君のようすがおかしいんだけど……」

本村がナースコールを押して言った。

看護婦が駆けつけてくる。堀田君を見た看護婦の血相が変わった。

本村ともう一人、同室の餅内《もちうち》君という小学生が病室から出された。

慌《あわ》てて走ってきた医師。看護婦も次々やって来た。

やがて、血で真っ赤に染まったシーツが運ばれていった。そして、そのあと、堀田君本人も……。

「堀田君、大丈夫なの？」

餅内君が不安そうに本村に聞く。大丈夫なわけはない。しかし、

「心配しなくていいよ。堀田君は大丈夫だよ」

と、本村は答えるほかなかった。

「そう、よかった」

小学生の餅内君は、本村の言葉を信じていた。

運ばれていった堀田君がどうなったか、その日以降、看護婦に聞いても、何も教え

てもらえなかった。

「堀田君？　ああ、あの日に病院を変わったのよ。ごめんね」

看護婦はそう言って、話をはぐらかした。餅内君は、看護婦のその話を信じていたが、本村にはわかっていた。堀田君が無事ではないことを——。

そんなある日、堀田君のお母さんがやってきた。

「いろいろとお世話になりました。話し相手になってくれて息子が喜んでいました。ありがとうね……」

お母さんは涙ぐみながら、本村に挨拶《あいさつ》していった。

あの日、堀田君が亡《な》くなっていたことを本村は知る。

直前まで自分と将棋を指していた友の死——まだ中学生の本村にとって、それは衝撃の出来事だった。命の儚《はかな》さを本村は目《ま》のあたりにした。堀田君の病名は、拡張型心筋症。有効な治療法が見つかっていない難病で、実は、彼が「死」を待つばかりだったことをのちに本村は知る。

本村にとって、心に深く残ったのは、堀田君の日頃の言動だった。

自分より堀田君の方が、よほど深刻な病気だったはずなのに、本村はそのことについて愚痴や不満を聞いたことがなかった。堀田君は、一度も不平や文句を言うことな

「なんて、自分は身勝手な人間だったんだろう」

く、死んでいった。

本村はネフローゼが再発して、将来を悲観していた。自分だけが不幸な人間だと勝手に思い込んでいた。そしてそのことで苛立っていた。

しかし、自分より年下の、しかも病の重い少年が、そんなことを周囲にひと言も漏らさなかったのだ。

本村は、この時、初めてまわりの人間に目を向けることができるようになった。自分だけを不幸だと思い込んでいたことが、急に恥ずかしくなった。

のちに堀田君が本村の母に、

「ボク、時々、死神の夢を見るんだ。死神が〝おいで、おいで〟ってボクを呼ぶんだよ」

と話していたことを聞いた。しかし、入院仲間である本村には、堀田君は口が裂けてもそんな不吉なことを言ったことがない。堀田君はいつも明るく、本村に接していた。

なにか家庭の事情があったのか、堀田君のお母さんは、面会時間ではなく、日曜日の夜遅くの時間外に会いに来ることが多かった。みんなが家族の見舞いを受けてにぎやかにしている時に、堀田君はいつも一人ぼっちだった。

薄幸な生涯だった。それでも、最後まで明るさを失わなかった堀田君の短かった人生に、本村は今も、命の儚さと同時に、生きることの大切さを教えてもらったと思っている。

死と向き合う子供たち

彼のいる病棟は、小児科病棟である。一見、どこも悪くないように見える本村は、それから病院内をあちこち出歩くようになる。

堀田君の死をきっかけに、本村は初めて周囲の入院患者のことに気を配れるようになった。

大人になった脳性マヒの患者に年老いた両親が大事そうに語りかけている光景が、今まで気づかなかった本村の視界に入るようになった。いくら語りかけても、脳性マヒの息子から、答えが返ってくることはない。しかし、その両親は近くで見ている本村に気づくと、

「この子はもう二十いくつになるんですよ」

と、いとおしそうに身体《からだ》を撫《な》でながら話しかけてきた。

小児マヒの上に目が動かない、つまり光を追わない赤ちゃんもいた。生まれてから何年も病院で過ごし、外の世界をまったく知らない子供もいた。

そして、堀田君のように命を落としていく子供たちが少なからずいることにも気がついた。

本村は、病院内の養護学校に通うようになった。

さまざまな症状の子供たちが、ひとつの教室で学んでいた。学年も病気も、それぞれ違う子供たちが、同じ教室に集うのである。そこは、さながら戦場だった。

先生は、生徒である患者に厳しく接していた。甘やかしても、その子の人生にプラスにならない。先生たちはそういう信念を持っていた。

「勉強したって、ボクは学校に戻れないじゃないか!」

本村と同じネフローゼ症候群を患っている小学四年生が、本村の目の前で先生に反発したことがあった。

もう何年も病院にいる。このまま勉強しても、ボクは元の学校に戻れない——。

自暴自棄になったその子は、そう言って先生に食ってかかった。

ステロイド剤の投薬治療のために成長が阻害され、その子は小学四年生なのに、ころころと太って背も低く、小学一、二年生にしか見えなかった。それでも先生は、

「なに甘えてるの？　あなたはそうやって生きていくつもりなの？」

と、一歩も譲らない。

病院の中で、その子の病状や境遇に同情は許されない。〝逃げ〟を一度許せば、どこまでもその子は目の前の出来事や、人生そのものから逃避していくことになる。物事に対する言い訳や愚痴を、先生たちは許さなかった。

時に教室で、怒鳴り声が響くことだってあった。

本村が印象に残っているのは、先生に食ってかかった子より一年上の生徒のことだった。

小学五年のその子も腎臓《じんぞう》を悪くして長期入院していた。その子の病状は進んでおり、すでに人工透析をおこなっていた。本村が彼を励まそうとしても、

「どうせ僕には無理だし……」

と、彼は、すべてに諦観《ていかん》していた。治る見込みのない入院生活は、子供たちの心にさまざまな葛藤《かっとう》を生んでいた。

本村は、自らの運命と闘う自分より年下の子供たちの姿にさまざまな思いを抱くようになった。

やがて、本村は、病院内の養護学校の運動会にも参加する機会を得た。いくつかの病院の養護学校の生徒が集まって、体育館のようなところで運動会は開かれた。行き帰りは、病院の救急車だった。比較的、元気な子が選ばれて、運動会に参加したのだ。

それは、これまで経験してきたどの運動会よりも本村に強烈な印象を与えた。さまざまな症状の患者たちが運動会に参加していた。

顔だけは大人で、身体は小さい子供のような患者が歯を食いしばって競技に参加していた。手が不自由な子が、口で輪を咥《くわ》えて輪投げに挑戦していた。そこには、「助けてあげたい」という言葉さえ軽はずみに言えない雰囲気があった。

四肢が不自由だったり、内臓に重度の疾患を抱える子供たちが必死で競技や演技をする姿を本村は感慨をもって見つめた。

好転しない病状に将来を悲観し、自暴自棄になっていた自分が恥ずかしくなった。

本村にとって、次第に高校受験とは、「受験する」ではなく、「受験できる」に変わっていった。なんて自分は恵まれているのだろう、と。生と死、そして人生をいやでも考えるようになっていた。

「子供ができなくなる」

主治医の佐藤克子は、いつもよく笑う明るい先生である。深刻なことをあっけらかんと言うので、患者は暗くならなくてすんだ。

「あなたの病気は長くつづくんだから、あなたは病気と結婚しなさい。それ、覚悟するのよ！」

そんな深刻なことを、佐藤は本村にあっさりと言った。患者は先生を尊敬し、全幅の信頼を置いていた。堀田君が亡くなった時も、さりげなく、

「本村君、一週間ぐらい外泊する？　家でしばらく休んでいいわよ」

と、声をかけてくれたのも佐藤だった。

「人の命って、そういうものなのよ。医者にはね、限界というものがあってね。悔しいんだけどね……」

堀田君が亡くなったことでショックを受けていた本村に、佐藤は、さりげなくそう語りかけた。

「医者はね、親たちと一緒に泣いてあげることしかできないの」

子供たちの非業《ひごう》の死を幾度となく見てきた佐藤は、そう言って寂しげに微笑《ほほえ》んだ。

明るい中にも、尊い命への深い愛情を忘れない佐藤先生に、本村は勇気をもらった。

病院からの受験で、北九州高専に合格した本村は、そのまま病室から学校に通うことになる。

病院で同世代の生と死を見た本村は、いつの間にか、「僕は太く短く生きるんだ」と考えるようになっていた。

本村は、高専一年の夏、ひとつの挑戦をおこなった。

免疫《めんえき》抑制剤治療への挑戦である。

本村の病状は、ステロイド投与でもなかなか好転しなかった。ネフローゼ症候群への免疫抑制剤投与——それは、当時、究極の治療法だった。本村の治療は、すでにこれ以上、ステロイド剤の量を増やせないところまで来ていたのである。だが、この治療には強い副作用が伴った。

主治医の佐藤は、本村に治療の選択を委《ゆだ》ねた。

「髪の毛が抜けます。ひょっとしたら、子供ができなくなるかもしれない。でも、あなたにやる意思があれば、やるしかないと思うわ。よく考えてみて」

本村にとって、それは過酷な選択だった。

「子供ができなくなるかもしれない」

頭の中で、本村は何度もその言葉を反芻《はんすう》した。さすがにその言葉は、ショックだった。しかし、入院仲間の生と死を見てきた本村に迷いはなかった。

〝太く短く生きる〟ことを心に誓った本村には、むしろ望むべき治療だった。

「先生、お願いします」

高専は、夏休みが長い。大学と同じだ。その休みを利用して、八週間連続投与という本村の免疫抑制剤治療が始まった。

だが、その治療は、本村の身体を容赦なく痛めつけた。

抗がん剤として知られる免疫抑制剤「エンドキサン」の副作用が本村にとって、予想以上に強かったのだ。吐き気と頭痛、全身のだるさ……そのつらさは半端ではなかった。頭痛の激しさは、脳波をとって調べなければならないほどだった。白血球の量もみるみる低下した。無菌室に近い状態の部屋で、本村は副作用に耐えた。

脱毛も激しかった。朝起きると、枕《まくら》のまわりは抜け落ちた髪の毛で真っ黒になっていた。櫛《くし》で髪の毛を梳《す》くと束になって抜けた。

二週、三週、四週……髪の毛の抜ける量はどんどん多くなっていった。本村の頭は、冬枯れの野のように薄くなっていく。肝臓の数値もどんどん悪くなる。やがて黄疸《おうだん》の症状が出始めた。

六週目――ついに本村の肝臓が、これ以上の免疫抑制剤投与を拒否した。肝不全に陥る危険性を示しはじめたのだ。

治療は中止された。だが、本村に後悔はなかった。免疫抑制剤治療は中止したが、ネフローゼには一定の効果があった。

小康を得て退院した本村は、さっそく「太く短く生きる」を実践しはじめた。

まず原付バイクの免許をとった。野球好きの人間を集めて、チームもつくった。仲間を集めてロボットコンテストにも出場した。

通称・エコランと呼ばれる、ガソリン一リットルでどこまで車を走らせられるかというエコノミーラン競技にも参加した。九州から大会が開かれる茨城県まで野宿をしながら車を走らせての出場だった。

中型バイクの免許もとり、一人でツーリングに出掛けるようになった。「太く短く生きる」つもりの本村の背を、神様があと押ししてくれているようだった。

運命の出会い

そんな本村の前に現れたのが弥生だった。

高専四年の時に、明るくきれいな同い年の短大生・弥生とコンパで知り合った本村は、たちまち恋に落ちた。本村の母・恵子によれば、

「ネフローゼのこともあって、洋は当時、自分は長生きできないと思い込んでいました。洋にとって、弥生さんは生きる希望になりました。その意味で、弥生さんは洋の〝命の恩人〟だったと思います」

母子家庭の二人姉妹の長女として育った弥生は、経済的には決して恵まれていなかった。

母・由利子は、弥生が小学六年になったばかりの時に離婚し、弥生と五つ下の妹の二人を連れて、家を出ている。以後、由利子は女手ひとつで二人の娘を育て、弥生は、地元・門司にある福岡県立大里《だいり》高校から、福岡市の福岡工業短期大学の情報処理コース電子情報学科に進んだ。

本村は、弥生の底抜けの明るさと女性らしさに魅《ひ》かれ、高専卒業後に広島大学工学

部に進んでからも遠距離交際をつづけた。弥生も休みのたびに広島へ通った。本村が広島から中型バイクで弥生を迎えに来たこともあった。

「妊娠したかもしれん。どうしよう……」

短大を卒業して福岡市内の株式会社クボタに就職していた弥生から本村のもとにそんな電話が入ったのは、一九九七年九月末のことだった。

「そうか、じゃ、産もうか」

即答した本村に、弥生は、

「本当にいいの？」

と聞き返した。二人はまだ結婚もしていないし、本村は経済的に自立を果たしていない。翌年の就職こそ決まっていたものの、本村が学生の身分であることを弥生が気遣ったのだ。

だが、本村の喜びは大きかった。

自分に子供ができる。免疫抑制剤の治療までおこなった自分には、わが子を抱ける日は来ないかもしれない、と思った時期があった。しかし、その幸せが現実にやってきたのである。本村は、

「弥生は嫌なの？」

と聞いた。

「ううん、嬉《うれ》しい」

「男の子かね、女の子かね、名前決めなきゃね」

と本村が言うと、

「馬鹿《ばか》！ まだ、わからんちゃっ！」

と、弥生は笑った。

愛する女性との間に子供ができたことに本村の感慨は深かった。二人は入籍することを決めた。

「十一月三日の文化の日に入籍しようね。だって、結婚記念日が祭日だったら、毎年一緒に記念日を過ごせるよ」

弥生の希望で、二人は、その年の十一月三日に婚姻届を出した。

弥生は、もちろん本村のネフローゼという持病を知っている。母親の由利子にも、

「洋はね、大病を患《わずら》ったのよ」

と打ち明けたこともある。

「大丈夫なの？」

と心配する由利子に、

「大丈夫よ」

と笑顔で答え、それ以上は話さなかった。

再発の不安にさらされた洋は、いつまで生きられるかわからない。そんな本村をいたわって、

「洋、一緒に生きよ」

と弥生は言った。

若い二人にとって、命とは、かけがえのないものだった。


「洋と私の子供よ。抱いてあげて」


本村は、夕夏が生まれた時のことが忘れられない。新日鐵に入社してようやく一カ月あまりが経過し、この時、名古屋製鉄所で工場研修をおこなっていた。

「産まれそうだ」との一報を受けて、前日に名古屋から駆けつけていた本村は、一九九八年五月十一日、弥生の母・由利子と三人で門司駅にほど近い産婦人科津田医院に向かった。

病院に着くと陣痛が始まり、本村は無我夢中で弥生の背中をさすった。陣痛が始まっておよそ三時間。弥生は一人で分娩室《ぶんべん》に入っていった。

「おめでとうございます。産まれましたよ」

看護婦にそう告げられたのは、午後三時過ぎのことである。分娩室に行くと、弥生の胸に産着に包《くる》まれた赤ん坊がいた。

「がんばったね、弥生」

本村は声をかけた。

「洋と私の子供よ。抱いてあげて」

と、弥生は言った。不器用な手つきで初めてわが子を抱いた本村は、あふれる涙をこらえることができなかった。

本村は、わが子に「夕夏」という名前をつけた。

本村が学生時代によく行った場所に、山口県の北西、日本海に浮かぶ「角島《つのしま》」がある。

山口県北部の日本海側の海岸線は景観が素晴らしく、北長門《きたながと》海岸国定公園に指定されている。中でも角島の白い砂浜とエメラルドグリーンの海が本村は好きだった。北九州高専時代、夏が来ると、この島で何度もキャンプを張っている。

角島の水平線に沈む夕陽の美しさが忘れられない本村は、夏の夕陽のように人を暖かく包む優しい人になって欲しいという思いからこの名をつけた。

本村には夢があった。

夕夏が大きくなったら家族で角島にキャンプに行き、「夕夏の名前（の由来）は、これだよ」と、水平線に沈むその夕陽を指さすことだった。

「その時、夕夏は、どんな反応を見せるだろうか」

これは、弥生にも話していない本村の父親としての夢であり、ひそかな楽しみだった。

だが、それは夢のまま終わった。

一歳の誕生日を迎える前に、自分の名前の由来を知ることなく、夕夏は短い生涯を終えた。夕夏にとっては、この名前が父からの最初で最後の誕生プレゼントとなったのである。

本村が、山口県光市の光製鉄所に配属が決まったのは二カ月後の七月だ。短かかったが、幸せだった家族三人の生活が営まれたのは、光市の新日鐵「沖田アパート」である。

しかし、本村はその年の秋から持病のネフローゼを再発させ、光市立病院で入院生活を送っている。過労が原因だった。

病院には、毎日、弥生と夕夏が、見舞いに来た。本村は、二人が来るのが待ち遠しかった。夕夏の笑顔を見ると、入院生活の重苦しさが吹き飛んだ。

十一月三日の初めての結婚記念日も、本村は病院で過ごした。この日、本村は申し訳なさから、弥生宛《あて》に手紙を書いている。筆まめな弥生は、時間さえあれば本村に手紙を綴《つづ》っていたが、本村はそれまでめったに弥生に返事を書いていなかった。

弥生へ

初めての結婚記念日が、こんな形になってしまいごめんなさい。ホント、弥生には迷惑かけっぱなしで、申し訳ないと思っています。だけど、弥生はいつも一生懸命に俺のために尽くしてくれるから、すごく弥生の愛を感じます。俺も、弥生の愛に負けないように、これからも弥生を愛していきます。そして、来年の結婚記念日は家族みんなでお出掛けできるよう、治療に専念します。

入院してから、いつも、いつも弥生に感謝しています。夕夏にも感謝しています。2人がお見舞いに来てくれると、すごく落ち着きます。やっぱり家族はいいね。本当、家族の大切さを実感しています。加えて、弥生と結婚して良かったと強く思っています。本当だよ。弥生は、毎日夕夏と2人で大変なのに、ブーブー文句を言わないし、俺の体を誰よりも心配してくれてる。弥生と結婚できて良かったよ。弥生がお見舞いに来た時、病院のベッドでお昼寝している弥生を見るのが大好きです。普段はきっと、「夕夏の事があるからゆっくり寝られないんだろうなあ」って思っていたから、俺が夕夏の面倒を見ていて、弥生が寝ているのを見ると、安心して寝てくれてる気がして嬉しくなる。少しでも、病院でリラックスしてくれればと思います。眠たかったらいつでも、病院で寝ていいからね。きっと、毎日ひとりでつらいと思うから、少しでも心が安らいでくれればと思います。

俺は1日も早く病気を治して、また以前のように3人で仲良く暮らせるように頑張ります。

弥生、いつもありがとう。そして、これからも家族で力を合わせて、幸せいっぱいな家庭を築いて行こう。これからもずーっと、ずーっと、愛しています。

洋より

平成10年11月3日　結婚記念日

しかし、本村はこの手紙を弥生に渡しそびれている。照れがあって、いざ次の日、病室で渡す段になってそれができなかったのである。結局本人に読んでもらえなかったこの手紙は、遺品を整理し、部屋を掃除していた時に、偶然出てきたものである。

三人で初めてのクリスマスも、お正月も、本村は病院からの外泊許可をとって過ごさなければならなかった。だが、明るい弥生は、そんなことを気にするようすもなかった。この頃、弥生は母・由利子にこんな手紙を書き送っている。

お母さんへ
よく考えてみれば、この手紙が初めてお母さんへ書く手紙ですね。

夕夏が生まれて、親になって初めて、親のありがたさが分かった気がします。夕夏を育てながら、「お母さんも、こんな風に私を育ててくれたんだな」と思います。とは言っても、お母さんの方が私の何倍も苦労したんだろうけど……。

夕夏は、最近、良くしゃべる様になりました。おすわりも上手になったし、ハイハイまで、もう少しというところです。来月、そっちに行った時にハイハイを見せられたらいいと思うんだけど。

先日そっちに帰った時の写真と、家で撮ったもの（お母さんからもらったベビーラックに、お母さんからもらった服を着て座っている写真）を送ります。それと、前に撮ったプリクラと、2、3日前に撮ったプリクラも入れときます。新しい方は2枚入っているので、おばさんにあげてください。

それでは、また。さようなら。

やよいより

運命の年、一九九九年が明けると、本村は職場に復帰した。入院していた間の遅れを取り戻そうと残業の日々がつづいた。この新人エンジニアには、ある作業の燃料効率を上げるための重要な研究課題が与えられていた。

その課題をクリアするために、本村は必死に研究を重ねていた。気がつくと退社時間はいつも夜の九時、十時となっていた。

悲劇は、そんなさなかに本村家を襲ったのだった。

第四章 逮捕された少年

空を灰色の雲が覆《おお》い、糸を引くような冷たい雨が降っていた。

低く垂《た》れ込めた雨雲のせいだろうか。普段なら、とうに明るくなっていい時間なのに、この日はまだ明け切っていなかった。

雨音以外なにも聞こえない静かな休日が始まろうとしていた。

四月十八日、日曜日早朝。住人に気づかれないように、警察の覆面パトカーが薄暗い雨の中に溶《と》け込んでいた。

気温は、十二度。雨のわりに気温は下がってはいない。

車の中からは、鋭い目をした男たちが、ある一点を凝視している。

「おはようございます。朝早くに誠に申し訳ございません」

いかつい男たちが、その凝視していた部屋の呼び鈴を押したのは、それから間もなくのことである。事件現場となった本村の新日鐵社宅から目と鼻の先、二百メートルと離れていない場所だった。

「はい。なんでしょうか」

中から、早朝の来訪者に、怪訝《けげん》そうな声が返ってきた。

「警察です」

という声に、そのドアは無言のまま開いた。

Fの自宅に、山口県警光市母子殺害事件捜査本部の捜査官がやって来た瞬間である。

「Fさんに、警察までご同行いただきたいんですが……」

任意同行の要請だった。だが、その声に容赦はない。Fが顔を出す。

「わかるね」

Fは、頷《うなず》いた。

だが、Fを乗せた覆面パトカーは、捜査本部のある光警察署の方角ではなく、まったく逆の東に向かった。

「俺はどこへ連れて行かれるんだ……」

Fは無言だった。車は山の中へ入り、光市に隣接する田布施《たぶせ》町を越え、さらにその隣の平生《ひらお》町に向かった。二十分以上走っただろうか。

瀬戸内海に流れ込む田布施川。その川沿いは桜の名所だ。車はほんの二、三週間前には花見客で賑《にぎ》わっていたこの川を越え、平生町の中心街にすべり込んでいった。

目指す場所は、平生警察署だった。

日曜日の早朝、平生署の中はガランとしていた。マスコミも誰もいない。相手は少年である。捜査本部に任意同行し、それがもしマスコミに嗅《か》ぎつけられでもしたら、「人権侵害」と、人権派弁護士たちがここぞとばかりに嚙《か》みついてくることは目に見えていた。

捜査本部は、もしものことを考え、Fの身柄の取り扱いに細心の注意を払っていた。

だが、この時、Fは、すでに観念していた。

「事件を知ってるね？」

取調室に入るや捜査官が訊《き》いた。Fは、うなだれながら、

「はい」

と、応《こた》えた。Fは不貞腐《ふてくさ》れた態度をとりながら、犯行自体は認めた。

事件は急転直下、解決した。

捜査本部に「Fが犯行を認めました！」という一報が届けられたのは間もなくだった。

「少年法ですね」

「今日は、お出掛けにならないでください。署長からお話がございます」

新日鐵光製鉄所の社員独身寮であると共に、出張者を受け入れる宿泊施設も兼ねた「水無瀬《みなせ》寮」。ここに宿をとっていた両家の遺族に、警察からそんな知らせが届いたのは、Fが任意同行された直後のことである。

水無瀬寮は、室積《むろづみ》海水浴場をすぐ間近に見下ろす光市の景観抜群の高台に建っている。天気のいい日は、真っ青な瀬戸内海の先に九州の国東《くにさき》半島と四国の佐田岬《さだみさき》半島を望むことができる。

遺族は、集会場にも使う水無瀬寮の一階の広間で寝起きしていた。本村のそばに両親がいる方がいい、という配慮もあった。昨日、葬儀が終わったばかりで、心の中にぽっかりと穴があいた本村は、そぼ降る冷たい雨を抜け殻のように眺めていた。

「ひょっとして犯人が逮捕されたのでは……」

署長から話があると聞いて、遺族の期待がふくらんだ。

やがて、午後になって光警察の上永正史署長がやってきた。傍らには、奥村刑事もいる。

上永は、広間の上座に安置されている弥生と夕夏の遺骨と遺影の前に座って手を合わせた。そのあと遺族の方に座ったまま向き直った上永は、ゆっくりと口を開いた。

「被疑者を逮捕しました」

息を止めて上永の言葉を待っていた遺族の間からその一瞬、溜息《ためいき》とも何ともいえないものが漏れた。

そして、犯人の名前や簡単な生い立ちが、上永によって告げられていく。

「十八歳です。同じ社宅に住む男です」

そう言った時、本村の父・敏が、

「十八歳ですね……。〝少年法〟ですね」

と、上永に向かって確認した。

「そうです」

と、上永。

「……」

敏は押し黙った。

犯人は、少年法の保護を受ける。まともな罰は受けさせられない。そういう思いが、敏の頭をよぎった。

隣にいた本村は、意味がわからなかった。この若い夫は、少年法について考えたこともなかったのだ。

「犯人が逮捕された。捕まってよかった」

本村は、ただその思いに支配されていたのである。

犯行四日後の逮捕。それは山口県警捜査一課と光署の徹底的な聞き込みによるものだった。

事件当日、沖田アパートの各戸をまわっていた水道設備会社の制服を着た男の姿は早くから浮かび上がっていた。

「本村さん、排水の検査がある時は、事前にどんな連絡があるの？」

「これまで排水検査で何か異常はなかったですか？」

葬儀の時にも、本村は奥村からそんな質問を受けている。すでにその時点で絞り込みが進んでいたのである。

本村の前に、初めてFという存在、いや「犯人」という具体的な憎悪《ぞうお》の対象が現れた。

その春、Fは、地元の高校を卒業して配管工事などを請け負う光市の設備会社に就職したばかりだった。Fが光市で生を受けたのは、一九八一年三月。年齢は十八歳と一カ月である。

Fの父親は、光市に生まれたが、両親は幼少時に離婚。光市内の高校を卒業すると、新日鐵に就職し、子会社に出向後は、管理職となった。

住居は、本村一家が住んでいた沖田アパートの十一棟、本村は七棟だった。二十棟が建ち並ぶこの新日鐵社宅で、両者の住居の距離は、直線にしてわずか二百メートルほどである。

本村にFとの面識は全くなかった。

Fの家庭は複雑だ。

父親と母親は、見合いで結婚。その翌年にFが生まれた。二年後には、弟も生まれている。

外から見たら平凡に見えるこの一家は、父親の暴力が支配する家庭だった。

沖田アパートに引っ越す前、Fが十二歳の時、母親は自宅ガレージで首吊《くびつ》り自殺をして、家庭は瓦解《がかい》した。母はまだ三十八歳の若さだった。

原因は、夫の暴力だったと推察されている。

暴力を振るい、賭《か》け事に給料を投じる夫のことを、母親はたびたび実家に相談していた。実家から内緒でお金を借りたり、兄弟の子供服を買ってもらったりしながら、「暴力がひどいので、別れたい」と、繰り返し実母に訴えていたという。

近所にも、父の怒鳴り声や暴力を振るわれた時の母親の悲鳴が聞こえたこともあった。

タンスに紐《ひも》を掛けて首を吊ろうとするなどの自殺未遂をおこない、それを発見したFや弟が「お母さん、死んだら嫌や」と、止めたこともあった。

Fが中学一年の九月、母は自殺した。第一発見者である父親が台所の板の間に横たえた母の遺体を呆然《ぼうぜん》と見ていた。

「おまえが勉強せんから、お母さんは自殺したんや」

Fは、父親からそう聞かされた。

そのわずか三年後、父親は、フィリピン人女性と再婚。事件の三カ月前には、父と義母の間に赤ちゃんが生まれたばかりだった。

父親とは、一緒にゲームセンターに行ったり、将棋を教えてもらったり、釣りに行ったりする良好な関係がある一方、F自身も暴力を受けていたことが、のちの裁判で明らかにされている。

Fは、高校入学後には、家出や不登校を起こし、事件の前年（高校三年）の四月、同級生宅に侵入し、ゲーム機などを盗んだとして高校から自宅謹慎処分を受けている。

高校側の紹介で会社を紹介されたFは初出勤の四月一日、社長から、

「がんばってみいや」

と声をかけられ、

「がんばります」

と、答えている。しかし、その一週間後には、早くもサボり始め、事件当日も仕事をせずにゲームセンターで遊んでいた。

また、中学三年生の頃から性行為に強い興味を持つようになり、ビデオや雑誌を見て自慰行為にふけったり、友人とセックスの話をしたりしていた。Fは、次第に性衝動を鬱積《うっせき》させていったと見られている。

「本当のことって何ですか？」

山口市は、県庁所在地ながら、こぢんまりとした街である。

かつて中国地方の盟主として君臨した大内一族が、応仁の乱以後、戦乱を避けて京の都から逃れてきた貴族や文化人をこの地で手厚く遇したことから、「西の京」と称されるようになった歴史都市だ。

しかし、人口はわずか十四万人に過ぎず、新幹線の乗降駅・小郡《おごおり》（二〇〇三年十月に新山口と改称）から向かう列車も、通勤時間を除けば一両、あるいは二両編成となっている。

県の中心都市というより、むしろ、今では萩《はぎ》や津和野《つわの》、秋吉台《あきよしだい》などへ向かう観光拠点となる街といった方がいいだろう。

窓口にも駅員が一人しかいない閑散とした駅を出て、「おいでませ　西の京やまぐち」という駅のロータリーに立つ看板の横を通り、駅を背に歩いていくと間もなく山口地方裁判所が左手に見えてくる。薄い黄土色の三階建ての建物である。

この建物の真裏に、山口地方検察庁はある。煉瓦《れんが》を模した茶褐色の壁を持つ近代的な建物だ。入口の右には、威厳を見せつけるように「検察庁　Public　Prosecutors　Office」とだけ刻まれた白御影石《みかげいし》の看板が立っている。

竣工《しゅんこう》してまだ間もないこの真新しい検察庁庁舎に、Fが光警察署から送検されてきたのは、逮捕された翌日の一九九九年四月十九日のことである。

髪はぼさぼさで、不貞腐れたような態度も逮捕直後から変わっていない。

エレベーターを三階で降り、左側の廊下をまっすぐ進むと、一番奥の左に三席検事室がある。二十畳はあろうかという広い検事室である。三席とは山口地検で検事正、次席に次ぐ三番目の地位の検察官を表わしている。

この時、山口地検の三席検事は、吉池浩嗣《よしいけこうじ》（三七）である。光市母子殺害事件の主任検事となる吉池は、この日、初めて送検されてきたFと向かいあった。

腰縄をつけられて部屋に入ってきたFには、自分の行為を反省している気配はまるでない。落ち着きなくきょろきょろと部屋のようすを窺《うかが》いながら、Fは吉池の前に座った。

ジャージのようなラフな格好をしたFは、薄い、ぞっとするような冷たい光の目を吉池に向けた。

護送してきた警察官が、腰縄の先を椅子《いす》の足にくくりつけ、手錠の鍵《かぎ》を解いた。Fは、今まで手錠が掛かっていた手首を撫《な》でながら、吉池検事の方を向いた。

「……」

二人は、お互いの顔を見据えた。

送検前、警察の取り調べに対して、Fは、こう供述していた。

玄関で呼び鈴を押したら、きれいな奥さんが出てきた。水道の検査で来たと言ったら、中に入れてくれた。かわいい赤ちゃんがいたので、抱っこさせてもらった。でも、うっかりして落としてしまった。奥さんが「わざと落としたのだろう、警察に通報する」と言って、電話の方に行こうとしたので、これを阻止しようと奥さんと揉《も》み合いになった。その時、作業服に入れていたカッターナイフが床に落ち、それを彼女がとったので、〝やられるかもわからん〟と思って、奥さんの首を絞めた。奥さんは息をしなくなった……

それが、Fの言い分だった。

罪のない主婦を扼殺し、死後レイプまでしておきながら、実に都合のいい話である。あたかも責任は、その主婦の方にあると言わんばかりの供述だった。

「君は、それが本当だと言うのか」

吉池は、突き放すようにFに言った。

「……」

「本当のことを言いなさい」

吉池が改めて問うと、Fは初めて口を開いた。

「本当のことって何ですか？　教えてください」

Fは、開き直った。

自分のやったことに対する反省など微塵《みじん》も感じられなかった。

本当のことって何ですか。教えてください——。少なくとも、それは殺人という大罪を犯した人間の態度ではない。

「私の口から言わせるのか」

吉池は、Fをにらみつけた。

「……」

Fは押し黙った。

目と目が合った。二人はお互いの目を凝視した。

先に視線を逸《そ》らしたのはFである。心の底を見透かしたような吉池の無言の眼差《まなざ》しに、Fが耐えられなくなったのだ。

吉池の目を見ては、視線を下に逸らす。また見ては、逸らす……。それが繰り返された。いたずらを咎《とが》められた子供が親の目から逃げるように、Fは目を泳がせた。

嘘《うそ》をつく人間は、どこかに逃げ場を求めるものである。

沈黙がつづく。

何分たっただろうか。

吉池が口を開いた。

「言う気になったか」

有無を言わせぬ口調だった。

「あのう……」

Fは、明らかに動揺していた。

「なんだ」

と、吉池。

「あのう、部屋の外に出してくれませんか」

Fはそう言った。

「?」

「人前では、話せません……」

そう言うと、Fは、すぐ横に座っている検察事務官と、うしろにいる警察官二人を手で指し示した。

人払いをしろ、というのである。十八歳とは思えないふてぶてしさだった。

ここは、人払いに応じてみてもいい、と吉池は思った。

「すみません。ちょっと（部屋から）出てもらえますか」

Fが何かを話す気になったのは、間違いなかった。

検察事務官は、すぐに立ち上がった。しかし、護送してきた警察官は、そうはいかない。もしものことがあったら、自分たちの責任である。取り調べの最中に、被疑者が突然、暴れて窓から飛び降り、自殺をはかるという出来事も稀《まれ》にだが起きている。

護送してきた被疑者を置いて、簡単に部屋を出ていくわけにはいかなかった。

戸惑いを見せる警察官に、吉池は、

「大丈夫です。少しの時間、席をはずしてください」

と繰り返し、目で合図をした。

警察官たちは、あきらめて席を立った。

広い三席検事室。吉池とFは、二人だけになって向い合った。

「言いたいことがあったら言ってみなさい」

促されたFは、当日のことを、ぽつりぽつり語り始めた――。

吉池、そしてこれを引き継いだ尾関利一《おぜきとしかず》検事に、Fは、これ以降、詳細に犯行を供述していく。Fは、特に、若くて年齢も近い尾関検事には、さまざまな雑談を通じて、その日のようすや犯行の詳細を率直に語っていった。

それは、反省という言葉とは無縁のものだった。

のちに本村は、この時のFと吉池とのやりとりを知ることになる。本村は、検事の前でFが本当に真実を語っていたのか、どうしても確認したかったのだ。

本村は、吉池から聞いたこの緊迫のやりとりから、捜査段階のFの供述こそ「最も真実に近い」ものだと思った。それと共に、Fが吉池の前で示したふてぶてしい態度が強烈な印象として残った。

光署に勾留《こうりゅう》されたFに対する検察官調書は二十通に及んだ。捜査は、検察主導だった。

のちに、その生々しい供述の内容は、裁判でも事実として認定されていく。Fの供述は、卑劣な犯行の模様を映し出していた。

Fは、四月一日から配管設備会社に出勤し、先輩の社員らに連れられて現場についていくなど見習い社員として働いていた。しかし、早くも九日、十三日には欠勤し、友人とゲームセンターでゲームに興じている。

四月十四日、Fは、会社の作業服姿で家を出た。家族に会社をズル休みしているのがバレないように、会社支給の作業服姿で毎朝出勤しているように装《よそお》っていたのだ。午前中は友だちの家でゲームをして遊び、昼に一度、家に帰ってきた。家には、義母がいて、昼ごはんを一緒に食べ、午後になり、一人で暇を持て余した。

Fは、漠然と、セックスをしたいと思うようになった。

業務用に持ち歩いているカッターナイフで新日鐵社宅に住む女性を脅し、ガムテープで手足を縛ってしまえば、セックスができる――。

「美人な奥さんと無理矢理でもセックスをしたい」

「作業服を着ていれば排水等の工事に来たと思って怪しまれないだろう」

そう考えたFは、排水検査を装い、社宅の中を一軒一軒訪ねて、〝獲物《えもの》〟を物色することにした。好みの女性と会えば、そのままセックスしようと思ったのだ。順番に呼び鈴を押してまわり始めると、実際、誰にも怪しまれなかった。

「本当に強姦《ごうかん》できるかも知れない」

Fは、そう思うようになった。しかし、なかなかきれいな女性には出会えなかった。

やがて、Fは、沖田アパートの七棟四十一号室にやって来た。

きれいな奥さんが応対した。水道設備会社の作業服姿だったFを、彼女は「検査」

という言葉を信じて部屋の中に招き入れた。

トイレに入って、中に閉じこもったFは水を流して下水の検査のふりをした。次に風呂場《ふろば》に行く。Fは、ここでも検査のふりをした。そのあと、Fは奥さんに「ペンチを貸してください」と頼んだ。

もう一度トイレに入ったFは、ここでトイレマジックリンを発見する。これを顔に吹きつけて目つぶしにして、それで襲おうと決めた。

トイレから出たら、ちょうど廊下を赤ん坊がハイハイしていた。Fは、赤ん坊を抱き上げた。

六畳間近くの床の上に赤ん坊を下ろすと、お母さんが赤ん坊を抱き上げるために前《まえ》屈《かが》みになった。

Fは、背後から抱きついた。仰向けに引き倒して馬乗りになった。彼女は大声で叫び、両足をバタつかせて激しく抵抗した。

そこに赤ん坊がハイハイしてしがみついて泣きはじめた。Fは、

「殺してからヤレば簡単だ」

と、手で喉仏《のどぼとけ》を強く、全体重を乗せて押さえつけた。指が喉仏にめり込んだ。

彼女の表情が怖くて、Fは顔も見ずに絞め続けた。やがて彼女の両手がバタッと開

いて床に落ちた。彼女が死んだと思った。生き返るのが怖くなり、ガムテープで手を縛って口をふさいだ。

それから彼女のジーパンを脱がし、パンティを引っ張り、真ん中をカッターナイフで切って脱がした。汚物が股間《こかん》についていた。

これを拭《ふ》き取って、Fはセックスした。時間は二分間くらいだった。

セックスを終えたあとも、赤ん坊は母親の肩にすがって泣いていた。最初は、あやしたが、泣きやまない。

風呂桶《おけ》に入れてみたが、泣きやまなかった。押し入れの天袋にも入れてみたが、それでも泣きやまなかった。

苛立《いらだ》ったFは、赤ん坊を両手で抱え上げて絨毯《じゅうたん》に頭から叩《たた》きつけた。一瞬、泣き声がやむ。

だが、息を吹き返した赤ん坊は、ハイハイをして、また死んだ母親の肩の所に行った。そしてますます大きな声で泣いた。

赤ん坊を静かにさせなくちゃまずい。近所に聞かれたら人がやって来る、とFは思った。

両手で首を絞めた。だが、赤ん坊の首が細すぎてうまく絞まらない。Fは、ポケットに入っていた剣道の小手紐《こてひも》を取り出した。

これを首に二重に巻いて両手で絞めた。赤ん坊は、やっと泣きやんだ。

Fは、母親の死体を押し入れに運び込み、座布団《ざぶとん》で隠した。赤ん坊は体重が軽かったので両手で抱えて、押し入れの天袋に放り込んだ。

それからテーブルの上にあった財布を盗んだ。その後、急に逃げ出さなくては、と思い、外に出た。

友だちと待ち合わせていたゲームセンターに行き、財布にあった地域振興券でカードゲーム用のカード等を購入して遊んだ……。

これが、Fが供述し、のちに裁判で認定された〝事実〟である。

浅ましく、救いようのない、短絡的な犯行だった。生命や人間に対する憐憫《れんびん》の情がまるでない、欲望の赴くままの無惨《むざん》な犯罪だった。

第五章　渡された一冊の本

本村は絶望の淵《ふち》にいた。

俺は、これから何をして生きていくのか。なんのために生きるのか。それさえわからない。あまりに大きな喪失感は、人間を抜け殻にしてしまう。一種の廃人である。

葬儀を終え、犯人が逮捕されると、今度は、本村の身体《からだ》全体を表現しようのない虚《むな》しさが覆《おお》った。

そこには、生きるためのエネルギーが貯《た》まらない。先にあるのは「死」である。生きる気力を喪《うしな》った人間は、時に自殺という手段を取ることさえある。

奥村刑事は、一見、普段と変わらぬように見える本村の態度に、ある種の危険性を感じていた。それは、刑事としての勘だったのかもしれない。

「本村君、犯人には、刑事裁判を受けさせないといけない。それに耐えられるだけの揺るぎない捜査をせないかん。犯人が家庭裁判所に行くまでの二十日間で、証拠という証拠を、すべて集めないかんのです。協力を頼みます」

奥村は、そう本村に告げた。犯人逮捕の翌日から、本村への警察の事情聴取が再び始まったのである。

Ｆが十八歳であるため、二十日間の勾留《こうりゅう》期間が終わるとＦは家庭裁判所に送致される。万一、家裁での審理で、「保護処分が相当」との判断が下されれば、Ｆは、そのまま少年院に送られてしまう可能性がある。

そうなれば、遺族さえ何も知ることなく非公開のまま事件は闇《やみ》から闇に消えてしまうのだ。それだけは、なんとしても阻止しなければならなかった。それは、Ｆに刑事裁判を受けさせるための捜査でもあった。

「言いづらいことがあるかもしれん。でも、君の家庭のことを調書に残させて欲しい。どういう生活をして、どういう奥さんで、どういう娘さんやったか、そういうことをすべて教えて欲しい。罪の大きさを立証するために、これがどうしても必要なんだ」

奥村の熱心な聴取が始まった。

目の前の青年は、絶望の中にいる。この聴取がつづいている間は、気力は持つだろう。だが、そのあとが心配だった。それをどうするか。

奥村にとって、それは悩みながらの聞き取りだった。

聴取の場所は、水無瀬《みなせ》寮に近い交番である。その中にある休憩のための部屋を使って本村への聴取は行われた。人目にもつかず、重苦しさのない、リラックスした中で行えるように、との配慮だった。

今度は、本村がいかに幸せな家庭を築いていたかが、ポイントになった。容疑者としての聴取の時とは、正反対である。

捜索で見つかったさまざまな証拠が本村の前に出てきた。その中には、本村の知らないものがたくさんあった。

弥生は、夫には内緒で、いくつも通帳をつくって少しずつ貯金を始めていた。夕夏の学資のため、車の買い換えのため、三人での家族旅行のため……それぞれの通帳に目的を記したシールを貼《は》り、弥生はつましくお金を積み立てていた。

「君は、いい奥さんを持ったなあ……」

何度も奥村はつぶやいた。

残業で帰宅が遅くなり、夫婦の会話が少なくなることを補うかのように、弥生は夫宛《あ》ての手紙を毎日のように書いていた。しかし、本村はそれに返事も書いていなかった。

「君は、なんできちんと奥さんに返事を書いてやらなかったんだ！」

本村はひどく怒られた。奥村は、涙をためてこの健気《けなげ》な妻の死を惜しんでくれた。

幸せな家庭のようすが、次々調書に綴《つづ》られていった。

しかし、本村は、逆に奥村の口から、Fによる犯行の詳細は教えてもらえなかった。

「犯行の動機や詳しい内容は教えられないんだ」

「どういう家庭環境で育った少年かも言えない」

「事件の真相は裁判を傍聴するしかない。しかし、もしかしたら、裁判はないかもしれない」

奥村の口から出てくる言葉は、どれも信じられないものばかりだった。それが少年事件というものである。本村に初めて「少年法」という壁が立ちはだかってきた。

迂闊《うかつ》に犯人の名前を出せば、最悪の場合、犯人から名誉毀損《きそん》で訴えられることもある、という。どんな家庭環境かも、反省しているのか否《いな》か、また、謝罪の意思があるのかどうかさえ、本村にはわからなかった。

平穏に暮らしていた何の罪もない妻と子を殺害した犯人が、二重、三重に保護されていることに、本村は、ふつふつと怒りが湧《わ》いてきた。

「私も少年法のことはわからない。一冊は君、一冊は僕の分だ。この本を読んで、一緒に少年事件や少年法のことを勉強しよう」

奥村が、本村に一冊の本を差し出したのは、聴取が再スタートして間もなくのことだった。

一九九七年に起こった神戸の連続児童殺傷事件（いわゆる酒鬼《さかき》薔薇《ばら》事件）の被害者・土師《はせ》淳君の父親である守が書いた『淳』（新潮社）という単行本である。

〈さあゲームの始まりです　愚鈍な警察諸君　ボクを止めてみたまえ〉

警察へのこんな挑戦状から始まった事件で、土師は酒鬼薔薇聖斗を名乗った十四歳の中学生に、十一歳の愛するわが子・淳君を殺害された。切断された頭部が中学の正門に置かれるという猟奇的な事件は、全国を震撼《しんかん》させた。

事件から一年余り経《た》って、土師は、その事件の有り様と哀《かな》しみ、少年法の矛盾、マスコミのあり方等々を手記として綴り、出版していた。

この本は、三十万部を突破するベストセラーとなり、少年法見直しの契機ともなっていた。しかし、本村は、この本の存在を知らなかった。

本村は、一気にその本を読み通した。衝撃だった。その中には、あらゆる問題点が描き出されていたのだ。

初めて、この国の法律や制度に多くの問題があることを知った。

奥村が言った「裁判がないかもしれない」という恐るべき事実の理由も、やっと知ることができた。

実際にこの本の著者である土師は、非公開の「少年審判」しかなかったため、犯人の酒鬼薔薇聖斗について何の情報も得ることができなかった。加害者の顔を見る機会さえ与えられず、当の酒鬼薔薇は医療少年院に入院していった。真相は闇から闇に消えた。遺族はただ、置き去りにされたのだ。

「洋君、この本を書いた人と話す気はあるか?」

奥村は、本村にそう聞いた。聴取が進むにつれ、そして親しさが増すにつれ、本村に対する呼び方も、「本村さん」から「本村君」、そして「洋君」へと変わっていった。

同時に、奥村の心配は、ますます強まっていった。

目の前の青年は、「死」を考えているのではないか。今は渾身《こんしん》の気力を奮い起こして聴取に協力してくれているが、この聴取も終わり、家族を惨殺《ざんさつ》されたという現実に引き戻された時、果たして彼は、生きていくことができるのだろうか。

気が張っている今はいいが、果たして今後どうなるのか——。

奥村は自分もできるだけの力を尽くして、この青年を支えるつもりだった。しかし、どうしても、それだけでは限界がある。

その時、『淳』の著者なら、この青年の力になってくれるのではないか、と思ったのだ。

山口地検がFを家裁送致するぎりぎりまで、本村の聴取はつづいた。ゴールデンウイークも返上してのぶっつづけの聴取だった。

その間、奥村は兵庫県警に電話を入れた。そして、見ず知らずである酒鬼薔薇事件の被害者遺族・土師守の担当警官に、あるお願いをしたのである。

兵庫県内の市民病院で放射線科の医師を務める土師守（四三）のもとに、兵庫県警の武田秀一警部から電話が入ったのは、五月上旬のことだった。

「土師さん、ご無沙汰《ぶさた》しています。ちょっとお願いがありましてなあ」

土師の耳に、聞き慣れた武田警部の声が響いてきた。武田警部は、酒鬼薔薇事件が発生して以来、土師家の担当となって相談に乗り、力になってきた警察官である。事件後、土師家では、犬のプードルを飼い始めたが、それを勧めたのも武田警部だった。

「土師さん、山口県の光市で若い奥さんと赤ちゃんが殺された事件をご存じですか」

武田は、単刀直入にそう切り出した。何週間か前に報道された悲惨なその事件は、土師も知っていた。四日後、逮捕された犯人が十八歳の「少年」だったことで、特に、脳裏に強くインプットされていた。

「実は、山口県警の担当の刑事から電話がありましてね。どうも残された若い旦那《だんな》のことが心配らしいんですわ」

「といいますと？」

「自殺ですわ。死ぬかもしれん、とえらい心配しとるんです」

「はあ……」

「土師さんに、一度、電話をしてもらえへんやろか、と言うんですよ」

事件に絶望して被害者の遺族が死にたくなる、というのは土師には痛いほどわかる。

現に、土師自身も、車の運転で高速道路を走っている時、このまま壁にぶつかって死ねば、どのくらい楽だろう、と思ったことが何度もあった。

土師には、残された家族がいたため、そのたびに思いとどまることができた。だが、一人だけ残されたその若い夫の絶望と空虚感がいかばかりか、土師には、容易に想像できた。

「たしかに、危ない」

土師はそう直感した。しかし、一方で苦悩の深さを知り抜いているだけに、その役割の大変さが逆にわかっていた。

「迂闊なことを言えば、かえって逆効果になる……」

わかりました、と返事したものの、土師は、えらいことを背負い込んでしまった、と思った。

何を、どう切り出せばいいのだろう。

しかし、わざわざ兵庫県警にまで連絡して来て、この青年を助けようとする警察官がいることに土師は感激した。その人物のためにも何とかしなければ、と土師は思った。

一歳の誕生日

Fが家裁に送致されたのは、五月九日のことである。

ここで捜査は、一段落した。本村は、刑事たちに手伝ってもらって、引っ越しをした。新日鐵の独身寮「浅江寮」への引っ越しだった。

家族がいなくなった本村には、家族用社宅は必要なくなった。光駅から歩いても十五分ほどのやや高台になっている場所に立つこの独身寮が、彼のその後の住処《すみか》となる。

弥生との思い出の品は、捨てられなかった。しかし、古ぼけた寮の殺風景な六畳間に入る荷物などたかが知れている。かなり処分しなければならない。

だが、弥生が畳んだハンドタオルやハンカチはそのままにした。サイドボードに入ったまま、手をつけないように決めた。それに手をつけると、弥生が遥《はる》か彼方《かなた》に消え去っていくような気がしたからだ。

Fが家裁送致された二日後の五月十一日は、夕夏の満一歳の誕生日だった。本来なら家族でお祝いをするはずだったこの日、本村はたった一人だった。自分だけがこの世に一人残されたことが、やり切れなかった。なぜ一緒に死ねなかったんだろう、と。

二人の遺骨は、小倉の本村の実家にある。墓はまだできていない。手を合わせる場所とてない。

本村は、ふと角島に行こうと思いたった。夕夏の名前の由来になったあの角島である。本村は自家用車でたった一人、角島に向かった。

山陽自動車道から中国自動車道、そして美祢《みね》市から国道四百三十五号線を通って、本村は、角島を目指した。

翌年（二〇〇〇年）秋にできあがる角島大橋はまだなかった。角島と本州側の特牛《こっとい》港《こう》を結ぶのは、「角島丸」という連絡船だけだった。

本村が特牛港に着いた時、連絡船は出たあとだった。海岸線に車を停めた。夕方になっていた。

陽が沈む。角島が見渡せる土井ケ浜に近い海岸線だった。

二人の遺影に夕陽を見せた。ふと、

「このまま海に入ったら楽なのかなあ」

本村はそんなことを考えていた。漠然と、死ぬことを思い始めていた。

その時である。

本村の携帯電話が鳴った。本村は、事件後、警察との緊急連絡用に携帯電話を持たされていた。それがそのまま個人のものとなっていた。

「洋君、どこにおるんか？」

奥村刑事の野太い声だった。

「えっ、ああ、思い出の場所にいます」

本村はそう答えた。奥村は、本村の言葉が終わらないうちに、こう言った。

「ヘンなこと考えておらんか？」

ハッとした。奥村は、とうにお見通しだったのだ。本村は正気に戻された。

夕陽を浴びながら、本村は、

「大丈夫です」

と答えた。そして、二人の遺影に、

「パパ、頑張って生きるからね」

と、語りかけた。

土師が本村の携帯に電話を入れたのは、夕夏の誕生日から間もなくのことである。

「もしもし」

「はい、もしもし」

土師に、誠実そうな青年の声が聞こえてきた。

「あのう、神戸の土師と申します。突然、申し訳ありません」

「あっ、土師さんですか？ わざわざありがとうございます」

明るい声に聞こえた。少し安心した土師は、お悔やみと励ましの言葉を述べた。余計なことは言う必要はない。

とりとめのない、どうということのない会話である。

でも、それでいい。

哀しみのどん底を経験した犯罪被害者なら、そのことはよくわかっている。自分の経験を踏まえながら、前向きに頑張っていくことの大切さを、自分なりに言ったつもりだった。

本村も、土師と話せたこと自体が嬉《うれ》しかった。

家族が殺された本当の絶望と哀しみを知るのは、同じ経験をした者だけだからだ。それを一番知っている人から、直接電話が来たことが嬉しかったのだ。

本村は、奥村に感謝した。そこまで気遣ってくれていることがありがたかった。しかし、本村が実際に自殺の呪縛《じゅばく》から解かれるのは、それからまだまだ、ずっと先のことだった。

第六章　破り捨てられた辞表

この虚《むな》しさはなんだろう。

なぜ俺は仕事をしなければならないのか。

俺は遅くまで働き、会社で頑張ることこそ家族を守ることだ、と思っていた。そのことに微塵《みじん》も疑いを抱いたことがなかった。親父《おやじ》だって、そうだった。子供の頃、親父が六時、七時に家に帰ってくることなんて、一度だってなかった。お袋は、まるで母子家庭だと、いつも愚痴を言っていたが、それが男にとって、家族を守ることなんだと、俺は信じていた。

仕事を通じて、家族を守ることが、男の役目ではなかったのか。

でも、俺は何だ。仕事で家族を守るどころか、家族を喪《うしな》ってしまった。残業、残業と自分だけが仕事の達成感に浸っている時、愛する家族はいなくなってしまった。仕事で家を留守にしている間に、自分にとって一番大切な家族を殺されてしまった。

ひょっとして仕事をしていなかったら、残業をしていなかったら、あの日、会社を休んでいたら、愛する家族を喪うこともなかったのではないか。いったい俺は、何のために仕事をやっているんだろう。そもそも俺にとって、仕事って何なんだ……。

本村は、自問自答を繰り返していた。

胸の中にどこまでも広がっていく喪失感と、不気味に、化け物のように、心の中に大きく口を開けたままの穴は、どうすればふさぐことができるのか。

本村が職場に復帰したのは、事件発生から約一カ月後の五月半ばである。最愛の家族を喪った本村への周囲の目は温かかった。誰もが、この青年の立ち直りに力を貸したいと思っていた。

しかし、本村自身は一見、明るく、気丈に振る舞っていたものの、内面は葛藤《かっとう》を繰り返していた。何をやっても、すべてが虚しかったのだ。

職場に復帰した時、本村には、もとの研究課題を発表する仕事が待っていた。それを見た瞬間から、「あの日」のことがフラッシュバックした。

そうだ。俺は、この研究課題をあの日、やっと仕上げたのだ。その嬉《うれ》しさ、昂揚《こうよう》感を抱いて、職場をあとにした。

毎日遅くまで研究をつづけ、それがちょうど完成した日だった。自分だけが達成感に満たされ、あの日、帰路についた。

しかし、自分を待っていたのは、家族の死だった。

いま、あの時の仕事にやっと戻ってきた。でも、家族はいない。いったい何のために俺はこれから仕事をしていくんだろう。

本村の苦悩は日が経《た》つにつれ、深くなっていった。

六月四日、山口家庭裁判所は、Fを山口地検に逆送した。一週間後の六月十一日、山口地検は、Fを殺人罪等で起訴し、刑事裁判が開かれることが決定した。事件が闇《やみ》から闇に「消える」ことはなくなったのである。

十八歳以上には、最高刑の「死刑」適用も可能である。初公判は、八月十一日と決定した。

死刑も視野に入れた激しい攻防が予想される裁判である。

だが、本村は、初公判が近づくにつれ、日々の生活への集中力や意欲というものを失っていった。

どうしても、家族がいなくなった今、仕事をすることの意味を見出《みいだ》せなくなっていたのである。

「君は、社会人たれ」

「ちょっとお話があるんですが……」

製鋼工場長の日高良一のもとに、思い詰めた表情の本村がやってきたのは、初公判が間近に迫った一九九九年七月末のことである。

日高は、エンジニアだ。一九七八年に九州大学工学部の鉄鋼冶金《やきん》学科を卒業して新日鐵に入社。光製鉄所に配属され、そのまま現場のエンジニアから製鋼工場長にまで昇進していた。

日高は事件発生以来、本村を気遣い、なにかと力になってきた。事情聴取を受けていた本村を、光警察署から仮通夜の場までマスコミにわからないように自家用車で連れていったのも日高である。

葬儀の時に、遺族の写真を撮ろうとする雑誌カメラマンとの間の盾になるなど、日高は事件発生直後から本村を守ってきた。

本村の意を決した表情に、日高はぴんと来た。

「おう。そっちへ行こうか」

日高や本村たちエンジニアが詰めているのは、製鋼工場の隣にある「サブセンター」と呼ばれるオフィスだ。二階建てのこのセンターの二階に、日高も本村もいる。

日高は、廊下の向こう側にある個室に本村を連れていった。

「実は、辞めさせていただきたいと思いまして……」

本村は椅子《いす》に腰を下ろすなり、そう言って持参していた辞表を日高に差し出した。

予想通りだった。日高も本村のことが気にかかっていた。気力というか、集中力が以前の本村とは違っていたからである。

「会社に来るのがつらいのか」

日高が尋ねた。

「はい……」

「毎朝来てたじゃないか」

「これ以上会社に迷惑をかけられないと思いまして……」

と、日高。

「辞めてどうするんだ？」

日高が訊《き》くと、本村は、

「しばらくは何も……」

と、答えた。日高は、少し間をおいてこう言った。

「君は、この職場にいる限り、私の部下だ。その間は、私は君を守ることができる。裁判は、いつかは終わる。一生かかるわけじゃない。その先をどうやって生きていくんだ。君が辞めた瞬間から、私は君を守れなくなる。新日鐵という会社には、君を置いておくだけのキャパシティはある。勤務地もいろいろある。亡《な》くなった奥さんも、ご両親も、君が仕事をつづけながら裁判を見守っていくことを望んでおられるんじゃないのか」

会社を辞めてから何をするかも決めていない本村に対して、なにもかもお見通しの上での言葉だった。

「本村君」

日高は、こうつけ加えた。

「この職場で働くのが嫌なのであれば、辞めてもいい。君は特別な経験をした。社会に対して訴えたいこともあるだろう。でも、君は社会人として発言していってくれ。労働も納税もしない人間が社会に訴えても、それはただの負け犬の遠吠《とおぼ》えだ。君は、社会人たりなさい」

それは痛烈なひと言だった。

社会人として、仕事をしながら発言していきなさい。

君は、社会人たれ。

本村の頭に、その言葉が何度も響いた。社会人として労働し、納税して発言する。そうでなければ、ただの負け犬の遠吠えだ。

日高の目は、真っすぐ本村を見据えていた。

日高は、この辞表は預かっておく、と言って、ポケットに入れた。

「わかりました……」

本村は、そう答えた。

本村は、あの時、人生を踏み外す寸前だったと、今も思っている。もしあの時、あの苦しみに負けて会社を辞めていたら、どうなっていただろうか。

仕事もなく、ただ裁判で自分は自分の言いたいことだけを吠えつづけていたのだろうか、と思う。それをストップしてくれたのは、日高の「社会人たれ」というひと言だった。

会社とは給料をもらうだけのところではない。人と人の繋《つな》がりがあり、人は会社に守られ、社会に守られ、そして、人として多くのものに貢献していくものだと悟った。

のちに本村は、仕事を通じて社会に関わることで、自尊心を取り戻し、社会人としての自覚も芽生え、その自負心から少しずつ「被害から回復していく」ことを実際に体験していく。もし、会社という媒体を通しての社会との繋がりがなくなり、一人孤立していたら、その後の自分はなかった。

それを痛烈なひと言で日高は本村に教えたのである。

日高は、ものづくりに限りない誇りを持っている。エンジニアとしての誇りとは何か、と訊かれたら、「真理をどこまでも追究することだ」と答える。

すべての土台となる鉄をつくりつづける新日鐵のエンジニアたちには、「いい品質の鉄をつくって世の中に貢献する」という共通の使命感と誇りがある。

君は、社会人たれ。

それは、日本を引っ張ってきた重厚長大産業の現場を支えるエンジニアだからこそ口を衝《つ》いて出た言葉かもしれない。

日高が、預かっていた本村の辞表を「これ、もういいな」と言って、本村の目の前で破り捨てたのは、それから一年以上ののちのことである。

現れた犯人・F

一九九九年八月十一日は、朝から真夏の太陽が容赦なく照りつける日だった。

司法の歴史にのちに記録されることになる「光市母子殺害事件」の公判は、この日、午前十時、山口地裁の三十一号法廷で始まった。

山口地裁の中で一番大きな法廷だが、それでも傍聴席は、三十三席しかない。その傍聴券を求めて、地裁横の駐車場に希望者が列をつくった。

Fは、開廷後まもなく右側の被告人専用の中廊下を通って、四人の廷吏に囲まれて姿を現した。本村、弥生の母・由利子ら遺族が初めて犯人を見た瞬間だった。

短く刈った髪と細い目。白いチェックの半袖《はんそで》シャツ、太腿《ふともも》が隠れるだけのグレーの半ズボンに、サンダル履きである。

サンダルをペタペタさせながら、Fは、頭ひとつ下げるでもなく遺族たちの前を通り過ぎた。

「こいつか……。こいつが弥生と夕夏を」

本村は、ぐっと拳《こぶし》を握りしめた。隣の席では、由利子がハンカチを強く握っていた。

中肉で、身長は百六十五センチくらいに見えた。無表情で、妙に細い目だけが目立つ。今から仲間とゲームセンターにでも遊びに行くような気楽な格好だった。まったく反省しているようすはない。

平然と、Fは被告人席についた。

不思議だった。弥生と夕夏を惨殺《ざんさつ》した人間が、目の前で平然と息をしている。そして、自分がその同じ空間にいる。本村はそのことが不思議だった。

裁判が始まり、Fは、人定《じんてい》質問に対して、名前を答えた。しかし、次の本籍をさっそく間違え、自分が暮らしている山口刑務所の拘置監の住所も忘れ、職業内容すら答えることができなかった。

意識的に、ことさら「少年であること」を装《よそお》っているのか、それともほかに理由があるのか、本村にはわからなかった。

渡邉了造《わたなべりょうぞう》裁判長が、ひとつひとつFに教えながら次に進む。

そして、罪状認否である。

Fは起訴されている殺人等の罪について、あっさりと全面的に認めた。

しかし、ここで弁護人がFに目配せした。Fは、一瞬怪訝《けげん》そうな顔をする。

そして、はっ、とした。慌《あわ》ててFはこう言った。

「遺族の方には、申し訳ないことをしました」

それは、取ってつけたような〝謝罪〟の言葉だった。Fは、この時、まったくの無表情のままだった。

罪の重さも、自分が何をしたのかも、いや、なぜここに自分がいるのかもわからないような態度だった。

かろうじて、Fは、弁護人との打ち合わせ通り、謝罪の言葉は述べることができた。しかし、それだけだった。傍聴する誰もが、それが形だけの謝罪であることはわかった。

遺族は、形だけの謝罪が却《かえ》って悔しかった。由利子は、弥生の無念を思った。こんな男の手にかかったことが不憫《ふびん》でならなかった。

裁判は検察側の冒頭陳述に移った。

そして、本村は初めて、四カ月前に起きた忌《い》まわしい犯行の詳細を知ることができた。これまで少年事件ということで、本村は犯行の一部しか知らされていなかった。

検察官が朗読していく冒頭陳述は、聞くに耐えないものだった。

そこでは、Fが、今春に高校を卒業後、地元の水道設備会社に就職し、頻繁に会社を休み、ゲームセンターや友人の家で遊び、しかも家族に会社をズル休みしているのがバレないように、会社支給の作業服姿で毎朝出勤しているように装っていたようすが描き出されていた。

そして、事件当日、午前中は友だちと遊び、午後になって一人で暇を持て余したFが、

「急にセックスがしたくなり、業務用に持ち歩いているカッターナイフで新日鐵社宅に住む婦人を脅し、ガムテープで手足を縛ってしまえば、セックスができる……」

と、女性をレイプしようと決め、排水検査を装い、社宅の中を一軒一軒訪ねては〝獲物《えもの》〟を物色、沖田アパート七棟四十一号室にやって来た。

弥生に襲いかかったFは、弥生を絞殺《こうさつ》し、死後レイプする。そして、かたわらで泣く夕夏をも床に叩《たた》きつけ、紐《ひも》で絞め殺した。

一度、床に叩きつけられた夕夏が一瞬、気を失いながら、それでも息を吹き返し、ハイハイして弥生のもとに行くさまが朗読されると、本村は涙を抑えることができなかった。

どれだけ怖かっただろう。どれだけ痛かっただろう。

夕夏は、この頃、ちょうど言葉を覚え始めていた。

その最初に覚えた言葉は、「イタイ」というものだった。死んだ母親のもとで、容

赦なく殺害されたわが子が、ひょっとしてその言葉を発しながら死んだかと思うと、哀れでならなかった。

しかも、夕夏は、床に叩きつけられても、弥生の方に必死で這《は》っていった。気絶したままだったら、夕夏の命は助かっていたかもしれない。

生後わずか十一カ月というのに、夕夏は母親のもとに必死で這っていったのである。

「よく頑張った、夕夏……」

本村の頭に、必死で母親に近づこうとする夕夏の姿が浮かんだ。

本村の隣の席では、由利子がハンカチで顔をおおって泣いていた。本村は、歯を食いしばって感情が爆発するのを押さえた。

義母の由利子が横にいてくれなかったら、本村は、被告人席のFに襲いかかっていたかもしれない。

弥生が死後レイプされたことを本村は、由利子に告げていなかった。

いきなり裁判でその事実を知ることに義母は耐えられるだろうか。

思い悩んだ本村は、初公判が近づいたある日、意を決して由利子にそのことを話した。その時、泣き崩れた由利子が、

「娘は二度殺されました」

と絞り出した声を、本村は忘れることができない。

その死後レイプという事実を知った上でも、検察官が朗読した冒頭陳述の凄《すさ》まじいまでの凶行の中身は、遺族の心に深い衝撃を与えたのである。

第七章　生きるための闘い

初公判が終わり、本村は、「週刊新潮」に手記を発表した。神戸・酒鬼薔薇事件の遺族・土師守の勧めによるものだった。

犯人・Fの姿は、本村に大きな衝撃をもたらした。今までは、具体的な憎しみの対象が映像として浮かばなかった。しかし、実際にその犯人が目の前に現れたのに、すべてのマスコミが匿名《とくめい》化し、Fを実名報道していなかった。

マスコミが金科玉条とする少年法第六十一条の遵守《じゅんしゅ》のためである。ここには、「本人であることを推知することができるような記事又は写真を新聞紙その他の出版物に掲載してはならない」ことが定められている。

しかし、本村はそのマスコミのタブーに挑戦した。

〈告発手記　山口・光市母子殺し事件被害者の夫・本村洋氏
妻と娘の命を奪った十八歳少年をなぜ実名報道しない〉

こう題された本村の手記は、一九九九年八月二十六日発売（九月二日号）の「週刊新潮」に掲載された。

東京法務局は、この実名報道を問題視し、「週刊新潮」に人権侵害であるとの勧告をおこなった。しかし、なぜか手記を書いた本人である本村には、勧告はおろか、ひと言の抗議もおこなわなかった。

手記の中身は強烈で、かつ説得力に富んでいた。それまで西日本を中心に報道されていた母子殺害事件が全国的な関心を呼ぶきっかけともなる報道だった。

本村の論理は、明快だった。

捕まった犯人が少年だったというだけで、名前も絶対に秘密で、迂闊《うかつ》に名前を出すと、最悪のケースでは、犯人から名誉毀損《きそん》で訴えられる危険性もあった。マスコミは思考停止したかのように、犯人だけの人権を守り始めた。Fの名前も顔も一切出ることはなかった。どこの誰がこれほどひどい犯罪をおこなったのか、世の中の誰も知ることができなかったのである。

一方、本村本人の勤務先や住所、名前、殺された妻と子の名前は、なんの了承もなくすべて公表され、マスコミは家族の写真を求めて、会社の同僚や友人宅まで押しかけてきた。

Ｆは少年法によって二重三重に守られ、ほとんどの情報を遺族である自分さえ知ることができなかった。犯人が果たして罪を認めているのか、反省しているのか、謝罪の意思はあるのか、なぜ犯行に及んだのか、どういう家庭環境に育ったのか。そんなことも少年法の壁によって封じられていたのである。

また、Ｆには、逮捕後すぐに国選弁護人が駆けつけ、法的、精神的なアドバイスを行い、Ｆの人権を守るためと称して警察やマスコミを監視したり警告を発したりしていたが、本村には、法的なアドバイスや精神的ケアをする人は誰もいなかった。

「何かがおかしい」

本村は、そう思いながら悶々《もんもん》と日々を過ごした。

少年法第二十二条によって、少年審判は、懇切を旨《むね》として和やかにおこない、非行のある少年に対し自己の非行について内省を促すものとしなければならない、とされ、審判は非公開とされている。

しかし、Ｆが検察に逆送され、公開の刑事裁判にかけられることになった瞬間から、本村は、実名報道が当然だと思っていた。

だが、初公判のあとも、マスコミは相変わらず犯人の匿名報道に終始している。理由は、少年の人権とプライバシーの保護だった。

「人を二人も殺害し、謝罪すらしない人間を守る〝人権〟とは何なのか」

本村には、マスコミが誤ったヒューマニズムに侵され、公開されるべき情報を勝手に自主規制し、国民の前から隠しているように映った。

しかし、取材に来たテレビ局の記者は本村に向かって、こう言った。

「〝強姦《ごうかん》〟ということがわからないように報道しますので安心してください」

本村は、ショックを受けた。

マスコミがうわべだけのヒューマニズムに毒されている証拠だと思った。

真実が報道されなければ、つまり、どんなひどいことが行われたのかが報道されなければ、死んだ人間は浮かばれない。犯行の残忍性を和らげて、どうして二人が味わった苦しみや怒り、無念さが理解されるのか。強姦の事実を隠すことがヒューマニズムだと勘違いしているレベルでは、ジャーナリズムの存在意義はない。

本村はそう思った。

たとえ少年であっても、これほどの残虐《ざんぎゃく》な重大犯罪を犯し、公開の法廷で裁かれている人間は実名報道すべきだと本村は思った。

検察に逆送され、刑事裁判となった以上、実名報道は当然ではないのか。

本村は、そのことをマスコミに訴えた。しかし、どのメディアも思考停止したかのように、犯人の名前はおろか、本村の名前すら、匿名にしたのである。

本村の意見に賛同したのが「週刊新潮」だった。本村は、犯人の名前を実名で報道することを条件に「週刊新潮」に手記を発表したのである。

本村の毅然《きぜん》たる姿勢が、初めて世間に明らかになった。

犯罪被害者からの連絡

本村を新たな闘いへ導く一本の電話が入ったのは、初公判から二カ月が経《た》った一九九九年十月のことである。事件発生からは、すでに半年が経とうとしていた。

「もしもし、申し訳ありまへんなぁ。大阪から電話してるんやけど……」

受話器から、聞き慣れない大阪弁が響いてきた。

「はぁ……」

いきなりの電話、それも関西人特有の遠慮のないしゃべり方に、本村は困惑した。

電話の主は、林良平（四六）。一九九八年夏、大阪で、「犯罪被害者の権利を確立する当事者の会」を結成した人物である。林の妻は、その三年前の九五年一月、看護婦として勤務する大阪市西成《にしなり》区の病院前で、見知らぬ男に包丁で刺され、重い後遺症を負っていた。

放射線技師であり、鍼灸師《しんきゅうし》でもある林は、経済的理由と妻の看護のため、開いていた鍼《はり》の治療院を閉めて自宅で患者を診るようになった。医療費の負担や、症状が固定したとして労災支給が打ち切られるなど、犯罪被害者を徹底的に軽んじる国に対して怒りを抱いた林は、後遺症に苦しむ妻と二人の息子を抱えながら、徒手空拳《としゅくうけん》で被害者救済活動を展開していた。

しかし、本村は、無論、そんな事情を知る由《よし》もない。

林が本村に電話したのには理由があった。前年の十二月に、読売新聞の『論点』という欄に弁護士の岡村勲《いさお》（六九）が犯罪被害者の権利拡充と刑事裁判の問題点を訴えた論文を発表していた。いかに犯罪被害者が司法の世界で無視されているか、そして今後どうすればいいのか、法律の専門家として、そして犯罪被害の当事者として、初めて訴えていたのだ。

林はその論文を読み、自分が出している犯罪被害者のためのパンフレットへの掲載許可を求めると共に、なんとか岡村弁護士と一緒に犯罪被害者のための救済活動を展開できないものか、と考えていたのである。

岡村弁護士は、山一證券《しょうけん》の顧問弁護士を務めていた一九九七年十月、山一證券を逆恨みした男によって留守宅を襲われ、家にいた夫人が殺害されるという痛ましい事件に遭遇した犯罪被害者遺族だった。

林は、岡村へのアプローチをつづけ、全国的な犯罪被害者の会を立ち上げる必要性を岡村に訴えていた。この時期、夫人の三回忌を済ませた岡村が前向きになり、犯罪被害者を何人か集めて欲しい、と林に要請するところまでやっと話が進んでいたのである。

そして、集まってもらうべき犯罪被害者として、林が目をつけた一人が本村だった。

林は、光市の事件が以前から気にかかっていた。犯人が十八歳の少年であり、少年法によって加害者だけが守られていたことに加え、光市事件の報道自体が奥歯に物の挟まったもののように感じていたのだ。

状況から見て、被害者が犯人に死姦されていると思われるのに、報道は犯罪の中身に立ち入っていなかった。それは、犯罪の残虐性や悲惨さがすべて糊塗《こと》され、そのことが加害者側に有利にはたらくといういつものパターンだった。犯罪被害者の遺族なら、そのことに必ず不満を持っているはずだ、と林は直感していた。

「事件の内容のことでも、新聞には書けることと書けないことがある。記者というのは事実を書いてくれへんやろ？」

林が聞くと、本村は、その通りです、と答えた。

「被害者側から見たら、おかしいことがいくらでもあるんや」

林は、そういう問題を一つ一つなくしていくためには「運動」が必要だと言った。

「岡村っていうすごい弁護士がいる。俺らだけじゃどうしようもあらへんから、ああいう人を動かしていかないかん。本村君、一緒に来て、動かしてくれへんかなあ」

本村は、岡村弁護士のことを聞いて、俄《にわ》かに興味を抱いた。

岡村が読売新聞に書いた論文こそ読んでいなかったが、犯罪被害者の置かれている現状を法律家としての専門の立場から痛烈に問題提起しているという事実が、本村の関心を呼んだのだ。

「わかりました。協力しましょう」

本村は、林の要請を受けることにした。

一九九九年十月三十日。

岡村綜合《そうごう》法律事務所に、本村をはじめ五人の犯罪被害者が集まる前夜、林は、本村と東京都内の居酒屋で初めて会っている。本村は、山口県光市から、このためだけにわざわざ上京していた。

林は、岡村の事務所に行く前に一度本村と顔を合わせておくべきだと考え、妻への取材を通じて知り合いになっていたNHKの女性ディレクターと三人で、落ち合ったのである。

初対面の本村は、ジーパンを穿《は》いて、社会人というよりもむしろ大学生といった方がぴったりくるような雰囲気だった。

「僕は仇《かたき》を討つまで、アルコールは飲みません」

思い詰めたようすで、本村は酒を一滴も飲まなかった。妻と子供の仇は必ず自分が討つ、最後まで一人で戦い抜くという強い意思が林にひしひしと伝わってきた。

話は弾むはずもない。少し話しては、沈黙が流れ、また誰かが口を開いては沈黙が流れる、という繰り返しだった。

およそ一時間、ウーロン茶を飲みながら、本村は二人につきあった。

翌十月三十一日朝十時、のちに「全国犯罪被害者の会（あすの会）」に発展していく歴史的な会合が岡村綜合法律事務所で始まった。岡村の事務所は、東京駅を出てすぐの丸の内三井ビルの十階にある。

集まったのは、五人の犯罪被害者だ。

岡村勲、林良平、本村洋、宮園誠也（六五）、渋谷登美子（四八）である。前夜に顔を合わせていた林と本村以外、全員が初対面だった。

宮園は、つい二カ月ほど前の九月八日、池袋の東急ハンズ前で、包丁と金槌《かなづち》を持った二十三歳の男に娘・高橋真弥（二九＝当時）を殺害されていた。いわゆる池袋通り魔殺人事件の遺族だ。

渋谷登美子は埼玉県の嵐山《らんざん》町議で、この二年前、地元へのボートピア（場外舟券売り場）誘致をめぐって、暴力団に襲撃され、ケガを負った被害者だった。これをきっかけに、林と共に犯罪被害者の救済運動を始めていた。

自己紹介から始まった会合は、最初から涙の話し合いとなった。亡《な》くなった家族やケガを負った肉親の無念や悔しさが、順番に語られていった。その思いは共通しているだけに、それぞれの目に涙が滲《にじ》んだ。

なかでも参加者の心を震わせたのは、一番若い本村だった。まだ、自分たちの子供、あるいは孫といわれてもおかしくない若者が自分の経験を説明し始めると、年長者たちは、こんな若さで……と、誰もが思った。

「僕は、家族を守ってあげられなかっただけじゃない。妻を発見した時、妻を抱くこともできなかったんです。情けない、本当にひどい人間なんです」

本村は涙ぐみながら、そう語った。そして、

「その上、僕は裁判になっても家族のために何もしてあげられない。裁判が始まって

遺影を持っていったら、荷物として預けさせられました。二人に法廷を見せてあげることもできない。法廷では、僕たち遺族には傍聴席さえ用意してもらえない。僕は、家族を守ってあげられなかっただけじゃなく、裁判になっても何もしてあげられないんです。僕は、それが悔しい……」

全員が本村の話に聞き入った。誰もがもらい泣きしていた。本村は、初公判では、二人の遺影を〝荷物〟として預けさせられ、自分が証人尋問に立った第二回公判では、弥生の母・由利子の鞄《かばん》に入れてもらって入廷した。そのことが許せなかった。

それだけではないと、本村はさらにこう続けた。

「事件が報道されても、犯人の実名さえ報じてくれません。今では、妻が死んだあと強姦されたという事実さえどこも報じてくれません。事件の悲惨さが伏せられて、どうして妻と子供の苦しみやつらさがわかるんですか。少年は、どこまでも守られている。せめて実名で報じて欲しい。父として、夫として、僕は、家族に何もしてあげられないんです。僕は無力な人間です」

その時、岡村が発した言葉を、本村は忘れられない。いや、その言葉によって、本村の前に新たな道が現れたといってもいいだろう。

「本村君。それは、法律がおかしいんだ。そんな法律は変えなければいけない」

岡村は、そうきっぱりと言ったのである。

えっ？

法律を変える——それは、本村にとって、考えてみたこともなかったことだった。発想の中にまるでなかったと言っていいだろう。

法律は「変える」ことができる。市民が「法律を変える」ことができるのか？　それは、本村にとって新鮮な驚きだった。

おかしいのは法律だ。この国の制度が間違っている。それを変えなければいけない。法律の専門家である岡村が、そう言い切ったのである。本村に新たな希望が湧《わ》いてきたのは、この岡村の言葉を聞いた時からだった。

仲間ができた。本村はそう思った。無性に嬉《うれ》しくなった。

朝十時から始まった会合は、弁当をとり、そのまま夕方五時過ぎまでつづいた。

そして、「運動を起こそう」「同じ悩みを持つ被害者を探し出そう」「シンポジウムをやろう」「犯罪被害者の声を社会に届けよう」と、全員の意見が一致した。

本村にとって、それは事件後、初めて見出《みいだ》した〝希望の光〟だった。

自分は一人ではない、という思いが、本村の心の中に広がっていった。岡村のひと言は、絶望と孤独だけの中で喘《あえ》いでいたこの青年に、大きな勇気をもたらしたのだ。

会合が終わり、本村は、東京駅から新幹線に飛び乗って帰路についた。本村は、あの時の昂揚《こうよう》した思いを今も忘れられない。

「おかしいのは、法律の方だ。間違っているものは変えていけばいいんだ。この被害者の本当の苦しみをみんなにわかってもらえればいいんだ」

本村は、新幹線の中で何度も何度もその言葉を繰り返していた。妻と子に何かをしてあげられるかもしれない。妻と子を守れなかったことへの贖罪《しょくざい》を果たせるかもしれない。その希望が出てきただけでも、胸の中に微《かす》かな生きる意味を見いだしたような気がした。昨日上京してきた時の重苦しさが信じられなかった。

来てよかった。本当によかった。

新しい闘いが、本村の目の前に広がっていた。

「あすの会」の誕生

東京・飯田橋のセントラルプラザで、シンポジウム「犯罪被害者は訴える」が開かれたのは、三カ月後の二〇〇〇年一月二十三日のことである。

東京の山手線円内のほぼ中央に位置する飯田橋駅は、ＪＲや地下鉄など、多くの交通機関が集まっている。その拠点駅に隣接しているのが、セントラルプラザである。定員が八十人というこのセントラルプラザ十階の会場に、犯罪被害者と報道陣あわせて二百四十人が駆けつけ、熱気に包まれていた。

本村たちは、呼びかけのチラシを配り、記者会見を開き、シンポジウムを宣伝した。その成果が、むせかえるような熱気に、そのまま現れていた。

このシンポジウムは、犯罪被害者ばかりでなく、ひょっとしたら多くの見識ある日本人にとって「待ちに待ったもの」だったかもしれない。

戦後、「人権」といえば、犯罪者の権利であると誤解させる風潮が蔓延《まんえん》した。二重三重に守られるのは、加害者の側であって、理不尽な犯罪によって命を絶たれたり、後遺症で将来を奪われた被害者の声はほとんど無視されてきた。

日本弁護士連合会（日弁連）とそれを支持する大マスコミによっていつの間にか、犯罪者の「利益」を過剰に擁護し、その心の中まで慮《おもんぱか》ることが、人権を尊ぶこととされるようになっていたのである。

平穏に暮らす人々の本当の「人権」が軽んじられ、犯罪者が「人権」という言葉を盾にする社会となった。犯罪を犯す少年たちは、自分たちが少年法によって守られることを当たり前だと思い、たとえ人を殺しても、早ければ、二、三年で少年院から舞い戻ってきた。

そんな風潮に敢然と「ノー」を突きつけたのが、このシンポジウムだった。それは、待ちに待ったものだった。

その意味で、この会は、犯罪被害者の権利を訴えるだけのものではなかったかもしれない。戦後の民主主義そのものに対する痛烈なアンチテーゼを示したという見方もできた。

〈犯罪被害者は、一生立ち上がれないほどの痛手を受けながら、偏見と好奇の目にさらされ、どこからも援助を受けることなく、精神的・経済的に苦しみ続けてきました〉

このシンポジウムで明らかにされた「犯罪被害者の会」設立の趣意書は、そんな文言から始まっている。

〈国が、社会が、犯罪を加害者に対する刑罰の対象としてのみとらえて、犯罪被害者の人権や被害の回復に何の考慮も払わなかったためです。（中略）全国各地の犯罪被害者が連帯し、「犯罪被害者の会」のもと、それぞれの抱える苦しみと悲しみを生きる力に変え、今生きている社会を公正で安心できるものにするため、心と力を尽くします〉

このシンポジウムで会場を静まり返らせたのは、まだ二十三歳に過ぎない本村である。幹事の一人として、本村は自らの体験をこの時、講演した。どこにでもいそうなこの青年が語った体験は、参加者の胸をうった。

事件の悲惨さ、裁判で遺影の持ち込みを拒否された時の屈辱、亡き家族への思いを淡々と語った本村は、最後に、こうスピーチを締めくくっている。

「最後になりますが、裁判は加害者に刑罰を与えるだけの場ではありません。我々被害者が加害者と和解する場でもあり、被害者の被害回復の場でもあり、われわれ被害者が立ち直るためのきっかけとなる場でもあります。われわれの存在を忘れないでほしい。われわれを裁判から遠ざけないでほしい。今日ここにお集まりいただいた方々が私の意見に少しでも賛同してくだされば、幸いと思います。そしてこういうシンポジウムを通して私が（弥生と夕夏の）二人から学んだたくさんのことを社会に反映でき、少しでも世の中がよい方向に動いてくれればと切に思います。ご静聴ありがとうございました」

裁判は加害者に刑罰を与えるだけの場ではない。被害者が立ち直るためのきっかけとなる場でもある。われわれの存在を忘れないでほしい。われわれを裁判から遠ざけないでほしい――満場の拍手を浴びて、本村は講演を終えた。

犯罪被害者の会（二〇〇一年、「全国犯罪被害者の会」に名称変更。通称「あすの会」）はこの日、誕生し、その後、岡村の言葉通り、次々と法律を変え、新しい制度を生み出していくことになる。

それは、家族のいない、たった一人ぼっちの本村にとって、「生きる意味」を見出していく闘いでもあった。

第八章　正義を捨てた裁判官

本村が、遺影の持ち込みをめぐって裁判所と激突するのは、岡村と出会ってわずか半月後のことだった。

一九九九年十一月十六日、光市母子殺害事件の第三回公判が山口地裁三十一号法廷で午前十一時から開かれた。

山口地裁の玄関を入って左手にある階段を三階まで上がると、上半分がガラスで下半分が白木の両開きの扉があらわれる。右側のガラス部分には赤字で「法廷」とだけ書かれた白いプレートが貼《は》りつけられている。

三十一号法廷は、その扉の、さらに奥の薄暗い廊下に面した山口地裁最大の法廷である。

本村はこの薄暗い廊下で、裁判所の職員と揉《も》めた。

本村が遺影を持ったまま入ろうとすると、裁判所の職員が本村に声をかけた。

「荷物は預けてください」

「これは荷物ではありません。遺影です。妻と娘の入廷を許可してください」

本村は、拒否し、そのまま法廷に入ろうとした。本村には、信念があった。岡村の言葉が信念の源《みなもと》だった。

被害者である妻と子が法廷に入って「審理」を見守ることは、誰にも責められるものではない。もし、生きていたら、二人は傍聴に来ただろう。亡《な》くなったからそれができないというのは、明らかにおかしい。もし、そういう制度が本当にあるのなら、その制度の方が間違っているのだ。

本村には自信があった。二人の遺影を抱いたまま、ぐっと本村が歩を前へ進めたことで、緊張が走った。職員三人が、本村の前に立ちはだかって、手を広げたのである。

「これは規則だ。持ち込みは許さない」

職員が本村をにらみつけた。次の瞬間、本村は叫んでいた。

「そんな法律があるんですか。一体誰の裁判をやっているんですか!」

唇が、怒りで震えていた。

弥生の母・由利子は、「洋さん」の迫力に息を呑《の》んだ。おとなしく、優しい本村の姿しか見たことのない由利子にとって、それは初めて聞く本村の怒声だった。

本村は、職員を無視して強引に法廷に入ろうとした。

だが、職員の怒りも凄《すさ》まじい。

「ダメなものはダメだ！」

揉み合いになった。本村は、裁判とは被害者の無念の思いが生かされ、その上で犯人が裁かれていくべきものだと思っている。ここで負けたら、弥生と夕夏に申し訳ない。そんな思いで、一歩も引かなかった。

「裁判官の指示だ。理由は必要ない」

「では、裁判長に会わせてください！　私が直接、話をします！」

双方が感情的になっていた。

「そんなことはオマエにはできない。ごじゃごじゃ吐《ぬ》かすな！　預ければいいんだ！」

職員が言い放った。さすがに、成り行きを見守っていた十人ほどのマスコミの人間たちから、

「そんな言い方はおかしいだろう」

と、声が上がる。

「遺影が入れないなら、私は裁判を傍聴しません！」

本村も感情の昂《たか》ぶりを隠さなかった。職員は、

「じゃあ、裁判長が会うかどうか、聞いてこよう」

と、法廷に入っていく。記者たちや傍聴希望者たちが無言で見守っている。険悪な空気が、法廷前を覆《おお》っていた。

しかし、戻ってきた職員は、信じられない言葉を発した。

「裁判官は、あなたたち被害者に会う義務もないし、あなた方が裁判官に会う権利もない」

それが答えだった。

「なんでそうなんですか。おかしいじゃないですか！」

本村は愕然《がくぜん》とした。

「裁判というのは、裁判官と検事と被告人の三者でやるもので、被害者には特別なことは認められていない」

職員はそうつけ加えた。

被害者には特別なことは認められていない。職員は、そう言うのである。

では、いったい裁判というのは、誰のために、何を目的としてやっているんだ。そんな素朴な疑問が本村の頭の中をぐるぐると駆け巡った。

本村は、廊下の反対側にある部屋に入るよう促された。

吉池検事が入ってきた。困った職員が、検事に助けを求めたのだ。

「君の言っていることは正しいと思うし、裁判所の言っていることはおかしいと思う。いずれこういうことも直していかなければいけないと思う。でも、今は君の奥さんと娘さんの裁判をつづけることが大事なんだ。ここは裁判所の意向に従って欲しい」

吉池は、怒りに震える青年の目を見ながら、そう言った。

職員は、遺影に巻く黒い布を持ってきた。

「これを巻くなら、遺影が入ってもいいそうだ」

吉池検事の言う通り、弥生と夕夏の裁判をつづけることが一番、大事なことだった。法律や制度は、いずれ変えていくことができる。いや、絶対に変えてみせる。本村は、そのことを信じ、誓った。

「ごめんね。パパを許してね」

本村は、弥生と夕夏に向かってそう言いながら、黒い布で遺影を覆った。

本村が傍聴席に座ると、裁判は、十五分遅れて、何事もなかったかのように始まった。

法廷の独裁者

本村は、それまで裁判官というものは、被害者や遺族になりかわって犯人を断罪してくれる存在だと思っていた。裁判官のことを勝手に被害者や遺族の味方だと思い込んでいたのである。

しかし、それはとんでもない誤解だった。

そんなことを信じ込んでいた自分は、なんとおめでたいのか。

たとえ自分に会わなくても、理由を説明することぐらいはできるはずである。なぜ遺影を持ち込むことがだめなのか、どうして黒い布をまいて傍聴させるのか、その説明を裁判官はすべきである。

しかし、裁判官は「説明して欲しい」という本村の要求にまったく応《こた》えようとしなかった。

公判後、記者たちがこの理由の説明を渡邉裁判長に求めたが、「コメントはできない」と、渡邉に拒否された。

裁判官には説明する義務もなければ、法廷でのことは一切自分に従えという意識しかないことを本村は知った。恐ろしい傲慢《ごうまん》さというしかない。

裁判官というのは、本当に国民の奉仕者である「公務員」なんだろうか。それは、素朴な疑問だった。

たとえ法廷での訴訟指揮に対して疑問に思った人間がいて、実際にトラブルになっても、裁判官はそれに対して、説明も意見も述べなくていい。

いまどきこんなことが許される世界が現に存在している。そのことが不思議だった。公務員でありながら、それは独裁者なのである。そんな公務員がいていいのだろうか。それが国民の奉仕者と言えるのか。

渡邉裁判長は、五十歳ぐらいで、黒い髪を七三に分け、眼鏡をかけた普通の中年男である。

それが法衣をまとうと、独裁者として振る舞えることが不思議だった。

本村は、渡邉をにらみつけた。しかし、渡邉は一度も本村の方を見なかった。本村は、この日の公判だけでなく、すべての公判を通じて、渡邉に鋭い視線を送った。だが、狭い法廷で、渡邉は一度も本村を見ることはなかった。

本村は、次第に裁判官への信頼を失っていった。

誰しも裁判官のことは、〝頭脳明晰《めいせき》にして人格優秀〟だと思っているはずだ。だが、実際はまったく違う。

恐ろしいほどに傲慢であっても、トラブルになった相手と視線を合わせることもできないような気の弱い人間なのである。遺影をめぐる一件があってから、本村の中に、裁判官への不信感が増幅されていった。

本村が疑問に思ったのは、肝心の「事実審理」があやふやだったことだ。

たとえば、Fが夕夏の首を絞めた紐《ひも》は、剣道の小手を締める紐だという。そんなものを持っているということは、当然、首を絞める時に使うつもりだった、つまり、事件の計画性を表すものだと誰もが考えるはずである。

被告人質問で、検事はそこを追及した。

「紐は偶然ポケットに入っていた」

と、主張するFと、

「それはおかしい」

と、迫る検事。

真相をめぐって激しい攻防があった。しかし、そのやりとりが終わっても渡邉裁判長は何も言わない。

また、Fは弥生の死体を押し入れに入れ、座布団《ざぶとん》で見えないように隠していた。そして、夕夏を天袋に放り込んでいた。

　ここでも激しいやりとりがあった。

「怖かったから、見えないようにした」

　と言うFに、検事は、

「おまえは死んだ人間とセックスしたんだろう！　死体を隠そうとしたんじゃないのか！」

　と厳しく追及した。Fはうろたえて、言葉を濁した。

　本村は、この場面でも、渡邉裁判長が、「君は遺体を隠そうとしたの？　どちらか言いなさい」と聞くものと思っていた。だが、何も言葉がない。

　ひとつひとつの事実関係を詰めていかない。結論づけようとしないのである。ひょっとして、「裁判官は、真相解明など何とも考えていないのではないか」と、本村は思った。

　公判での裁判官の態度や、ただ目の前のやりとりを見ている能面のような表情に、本村の不安は次第に増していった。

　一方で、Fは、弁護人の被告人質問の中で、

「罪もない二人の命を奪ってしまい、申し訳ありませんでした」

と、傍聴席に向かって、ぴょこんと頭を下げた。どこにも反省している気持ちがないのに、弁護人に促されて、Fは、遺族に向かってそんな形ばかりの謝罪をおこなった。

裁判とは、単なるセレモニーなのか。形だけの反省や、そぶりを見せるだけで、それで通るのか。初めて裁判を経験する本村には、不信が募るばかりだった。

本村には、忘れられないシーンがある。

一九九九年十二月二十二日。第五回公判で、検察の論告求刑がおこなわれた。

「何の罪もない被害者の遺体を欲望の赴くままに辱《はずかし》め、その上、傍らで泣き叫ぶ被害児を頭の上から床に叩《たた》きつけた」

「その犯行は卑劣極まりなく、自己中心的で、酌量の余地は全くない」

「遺族の処罰感情は峻烈《しゅんれつ》で、社会的な影響等の重大性や一般予防の見地からも極刑をもって臨むほかない……」

そこには、Fの鬼畜のような犯罪を糾弾する激しい文言が並んでいた。

Fは、検察側の朗読の途中、何度も検事をにらみつけた。

そして最後に、検察は、Fに「死刑」を求めた。朗読したのは、吉池検事である。

「死刑を求刑する」

吉池の声には、力がこもっていた。三十一号法廷は静まりかえった。

その瞬間だった。

Fの背中がびくっと震え、Fの耳から下がみるみる赤くなっていったのである。傍聴席からFのうしろ姿を見据えていた本村は、その異変を見逃さなかった。

自分の罪の重さや、やってしまったことの意味さえわかっていない、反省や謝罪などとは無縁の態度をとっていたF。だが、検事の口から「死刑を求刑する」という言葉が出た瞬間、Fにそんな変化が起こったのだ。

「Fが動揺している」

本村は、そう見てとった。その本村の思いは、結審となった翌一月二十六日の弁護側の最終弁論の時に、確信に変わった。

Fは、髪を切って坊主《ぼうず》頭で法廷に出てきたのである。それまで、Fは、ぼさぼさの頭で、サンダルを履いてペタペタと入廷していた。

オレがなんでこんな目に遭わなきゃいけないんだよぉ――裁判を通じて、言葉ではなく、態度でFはそう訴えていた。

しかし、そのFが、死刑を求刑されるや、頭を丸めて出てきたのである。Fは、検察の求刑によって初めて「死」への恐怖を感じたのだろうか。

「中学一年の時に母親が自殺し、(Fは)仕事や家事に忙殺される父親からも見捨てられたと感じていた。今は、罪を深く反省し、法廷でも遺族に謝罪している。犯行当時は十八歳になったばかりであり、更生の余地は十分ある……」

弁護人の最終弁論に聞き入るFの態度は、神妙だった。最後に発言を許されたFは、

「母を亡《な》くしたことによって、人が死ぬ悲しみを知っていたはずですが、欲望の方が勝《まさ》ってしまい、後先を考えずに行動してしまいました。自分が死ぬことによって命が戻ってくるのなら、絶対に死ぬことを恐れません。大変申し訳ないことをしたと思っています」

と、涙を浮かべて小さな声で語った。

「死刑」というものの重さを、布に覆われた遺影を抱いた本村は、Fの言葉を聞きながら嚙《か》みしめていた。

用意された「遺書」

判決が近づいていた。

桜の季節がやってきていた。あれから一年近くが経《た》つ。家族三人で美しい桜を見て

から、間もなく一年だ。

「本村君、判決の時は裁判所に行くからね」

犯罪被害者の会（のちの「全国犯罪被害者の会」）で共に闘う岡村勲弁護士は、本村にそう言っていた。

本村は、そわそわと落ち着かなくなった。

やがて、一年になる。弥生と夕夏がいなくなってからのこの一年、あまりに多くのことがありすぎた。

しかし、それらはなにもかもこの判決のためだった。もし、死刑判決が出なかったらどうすればいいのか。

弥生と夕夏に自分はどう報告すればいいのか。

この一年、自分はさまざまなことを経験し、いろいろなことを学び、社会のために貢献しようと頑張ってきた。

現に、犯罪被害者の権利確立のために、これだけ一生懸命、運動をやっているではないか。

しかし、それもすべては、この裁判に勝つためだ。Ｆの死刑判決を勝ち取ることだ。

もし、それが実現させられなかったら、どうなるのか。

遺影に黒い布まで巻いて、屈辱の中で見つづけた法廷。その結果が、「死刑」でなかったら、自分は一体どうすればいいんだろう。二人を守れなかった自分は、どう弥生と夕夏に顔向けすればいいのか。

そう考えると、本村は何もかも手につかなくなった。

不思議だった。

司法の専門家は、「死刑は無理」「無期懲役だ」という。しかし、あれほどの犯罪をしでかした人間が、死刑判決を受けないということがあるだろうか。

そんなはずはない。絶対にそんなはずはない。本村は自分自身に何度も言い聞かせていた。

二〇〇〇年三月二十一日。いよいよ翌日に、山口地裁での光市母子殺害事件の判決が迫っていた。

本村が平静でないことは、周囲の人間にもわかった。判決というものの重さが、職場の先輩や同僚にもぴりぴりと伝わってきた。

本村は、翌日の休暇をあらかじめ取っていた。

「明日、休ませていただきます。仕事の関係で何かありましたらメールをお願いします。それから、僕に何かありましたら、パソコンを開いてください」

本村は、先輩にそう言って、翌日に備え、普段より早く夕方六時頃、退社した。

それから二時間後、本村のいる独身寮「浅江寮」に会社の上司が電話をしてきた。

「本村君はいますか？」

寮の管理人が電話に出た。独身寮は、管理人はいるものの一種の団地形式である。一人一人の部屋が独立している。

「本村君は、部屋にいます」

「部屋にそのままいるように言ってください！」

それから間もなく上司が駆けつけてきた。

「本村君、バカなことは考えるな」

上司は、本村の顔を見るなり、そう言った。

本村は、前日、遺書を書いていた。実家の両親宛《あ》てと、弥生の母・由利子宛ての二通である。

それが発見されたようだった。

もし、判決が死刑でなかったら、命を断とう。本村はそこまで思い詰めていた。

公判は、すべて見た。Ｆに心からの謝罪や反省はまるでない。罪の大きさを自覚していないことは、公判を傍聴していればわかった。

しかし、被害者が二人なら判決は「無期懲役」だろう、と専門家は言う。本村は「被害者が二人なら」という司法の常識が許せなかった。一人であろうと二人であろうと、人を殺《あや》めた者が、自らの命でそれを償うのは当たり前のことである。なぜ「二人なら」という条件がつくのだ？

三人以上にならなければ――いや、少年事件では、過去に死刑となった永山則夫《のりお》が殺した「四人」という数さえ死刑の条件のように語られていた。

本村には、それが納得いかなかった。もし本当に司法がそこまで数字にこだわるなら、抗議のために命を断とう、と思ったのである。

自分が死ねば、事件に関連して死んだ人間は「三人」になる。そうすれば、社会も声を上げてくれるかもしれない、そうだ、社会に訴える手段として、自分が命を断とう。二十四歳になったばかりの本村は、そんなことを考えたのだ。

どうせ生きていても、弥生や夕夏は戻ってこない。自分の目の前にあるのは絶望だけだ。それなら、控訴《こうそ》したあとの次の判決に希望をつないで、自分はそのために自らの命を断とう、と思ったのである。

本村は、自分が死んだあと、仕事に支障が出ないよう、業務の引きつぎもきちんとしておこうと思った。先輩や同僚に迷惑はかけられない。

真面目《まじめ》な本村は、仕事に一切滞りが出ないように、パソコンに引きつぎのすべてを記録した。

そして、社を出る時、最後に「僕に何かありましたら、パソコンを開いてくださ い」と言ったのである。

先輩は、その最後のひと言を聞き逃さなかった。そわそわと挙動不審になっていた本村を見て、ひそかに心配していた。彼は、本村の退社後、本村のパソコンを調べ始めた。

パソコンには、前日、本村が書いた遺書も入っていた。〈最近開いたファイル〉の中から、本村が書いた「遺書」を発見したのだ。

そこには、小倉の両親に対して、

〈先立つ不幸をお許しください。死刑判決が出ない時、命をもって抗議することしか私にはできません。この先の判決を、お父さんとお母さんで見届けてください〉

義母・由利子に対しては、

〈せっかく結婚させていただいたのに弥生に苦労ばかりかけた上、守ることもできませんでした。本当に申し訳ありませんでした。僕にはこういう方法しかとる手段はありませんでした〉

と、書かれていた。

発見した先輩が直ちに上司に報告し、そのまま上司が本村の寮に駆けつけてきたのである。

上司は同時に小倉の実家にも電話を入れ、両親からも本村を思いとどまらせるよう要請している。

父・敏が言う。

「判決前夜に会社の上司の方から電話がありました。洋君が自殺を考えているらしい、今から洋君のところへ行くから、お父さんからも洋君を思いとどまらせて欲しい、という話でした。私は、すぐに洋に電話し、ヘンなことを考えるな、と言いました……」

被害者遺族にとって、判決というものは、そこまで重いものなのである。判決直前に居ても立ってもいられなくなった本村は、気持ちが昂《たか》ぶって、ぎりぎりまで自分を追い込んでしまったのだ。

落ち着いて考えれば、「死」を選ぶことは、本村にとって最も安易な道だった。

しかし、夫として、父として、家族を守れず、たった一人で取り残されてしまった本村には、Fが死刑になること以外、妻と娘に対する罪悪感から解き放たれる方法は考えられなかったのである。

下された絶望の判決

二〇〇〇年三月二十二日、山口地裁の駐車場は、傍聴希望者と、それを取材する報道陣でごった返していた。光市母子殺害事件は、六回の公判を経て判決の日を迎えていた。

犯罪被害者の会の代表幹事、岡村勲弁護士が、本村の姿を三十一号法廷の前で見つけたのは、開廷の二十分ほど前のことである。本村は、妻と子供の遺影を胸に抱いて、薄暗い廊下に、ひとり座っていた。

「本村君、頑張りなさいよ」

岡村は、声をかけた。

顔を上げた本村は、はっとした表情を浮かべた。

「岡村先生、どこから入って来られたんですか？」

本村の前に、やさしい岡村の笑顔があった。

「ああ、玄関から入ってきたよ」

と、岡村。山口地裁は、傍聴券のある人間しか玄関から入って来ることができない。傍聴席が少ないため、倍率が高く、一般の傍聴希望者が席を確保することは至難の業だった。

岡村は笑いながら、胸についている弁護士バッジを指さした。純銀で、金メッキを施されたひまわりを模したバッジが輝いていた。

これをつけていたので、そのまま裁判所の警備員が通したのだろう。聞くと、やはり岡村も傍聴券の抽選には外れていた。

思い詰めた本村をひと言励まそうという思いが、岡村を厳重警備の三十一号法廷前まで歩ませたのである。

岡村には、死刑判決が出る見込みは薄いことがわかっていた。しかし、この若者がそれで絶望してはいけない。新たな希望を見いだして、そこから闘っていかなければならない。

「本村君、頑張りなさいよ」

という岡村の言葉には、さまざまな思いがこもっていたのである。本村は、ただ、

「ありがとうございます」

と、言うばかりだった。本村に声をかけることができた岡村は、くるりと振り向い

てその場から去っていった。

法廷は、午前十時に始まった。冒頭、主文はあとまわしにすることが渡邉裁判長から告げられた。

主文があとの場合は、死刑判決の可能性がある。「ひょっとしたら……」という緊張感が法廷に張りつめた。

渡邉裁判長は、淡々と判決文を朗読していった。

「本件は、被告人が、女性と性交をしたいとの思いから排水検査を装《よそお》って被害者らの居宅を訪問し、同所において、主婦を強姦《ごうかん》しようとするも、同女の激しい抵抗にあったことから、同女を殺害して姦淫《かんいん》しようと考えて同女を殺害して姦淫した上、その傍らで泣き叫んでいた生後十一カ月の乳児を殺害し……」

Fが法廷で強姦と殺害について「計画性がなかった」と主張した点について、判決は、犯行前にわざわざ布テープを取りに行ったことなどから強姦の計画性を認めたものの、殺害の計画性までは認定しなかった。

また、犯行態様は極めて冷酷かつ残忍で、非人間的だが、十八歳と三十日だったという年齢から、

「内面の未熟さが顕著であってなお発育過程の途上にある」

とし、母親の自殺など複雑な家庭環境が性格や行動傾向の形成に影響した面が否定できない点が述べられた。

「これまで顕著な非行行動は認められず、不良文化の親和性は深化していない。人格の偏《かたよ》りもあるが総じて未熟な段階にあり、可塑《かそ》性を残している。矯正教育は不可能ではないであろう」

と、渡邉裁判長の朗読はつづく。

「被告人質問や最終陳述の際に被害者らに思いを致し涙を浮かべた様子等を併せ考慮すると、当初は内面の未熟さ故《ゆえ》に必ずしも事の重大性を認識できていなかったと解されるものの、公判審理を経るにしたがって被告人なりの一応の反省の情が芽生えるに至ったものと評価できる……」

渡邉裁判長は、法廷でFが謝罪したところを重く見たのである。

「被告人の中にはなお人間性の一端が残っているものと評価することができ、矯正教育による改善更生の可能性がないとはいい難い……」

そこからは、過去の事例紹介のオンパレードである。永山則夫事件や名古屋のアベック殺人事件、あるいは市川の一家四人殺害事件などを例にとり、被害者が「二人」の場合、無期懲役が妥当であることを判決文は示唆《しさ》していく。

本村は聞きながら、「この判決は無期懲役判決を下すための口実ばかりを探している」と思った。

朗読の途中から、死刑判決は無理だ、と感じたのである。無期懲役――少年法第五十八条には、少年の無期刑はわずか七年で仮釈放をすることができる、という規定がある。

本村にとって、無期懲役というのは、あれほど残酷な手口で、なんの罪もない妻と娘を殺した男が、「わずか七年で仮出獄の権利を得ることができる」ことを意味している。

そんなことが許されるのか。

遺影に布まで巻くという屈辱の中、唯一《ゆいいつ》、本村ができることは、この裁判を見届け、その結果を二人に伝えることだった。しかし……。

判決文朗読が始まって、およそ三十分が経《た》った。

渡邉裁判長の声に力がこもった。

「本件は誠に重大悪質な事案ではあるが、罪刑の均衡の見地からも一般予防の見地からも極刑がやむを得ないとまではいえない」

そう言うと、渡邉裁判長はFを立たせた。いよいよ主文朗読である。

「主文。被告人を無期懲役に処する。未決勾留《こうりゅう》日数中百九十日を右刑に算入する」

渡邉裁判長は、そう言い渡した。

その瞬間、弥生の母・由利子は泣き崩れた。本村も滂沱《ぼうだ》の涙だった。

「お義母《かあ》さん。すみません……」

本村は、そう言うのが精一杯だった。

渡邉裁判長は、主文を言い渡したあと、Fに向かって、

「わかりましたか」

と声をかけた。するとFは、

「ハイ、わかりました」

と、元気に答えた。

法廷は異様な空気に包まれた。傍聴席で遺族が泣き崩れる中、裁判長と被告人との間で、そんなやりとりが交わされたのである。「やった!」というFの心の叫びが聞こえてくるかのようだった。

対照的な両者の姿。報道席にいた記者たちの心に、その光景が焼きついた。涙を流しながら義母の背中をさするこの青年の言っていることの方が正しいのではないか、と初めて感じた記者も少なくなかった。

由利子のすすり泣きは法廷に響いていた。

「裁判とは、被害者に配慮する場所ではない」

その言葉が証明された。本村には、それが無性に腹立たしかった。

配慮されるのは、被害者ではない。加害者だけだ。日本の裁判は狂っている。そう思った。

弥生と夕夏は誰にも迷惑をかけず、慎ましく生きていた。そして、十八歳の少年の欲望の赴くままに惨殺《ざんさつ》された。

しかし、渡邉裁判長は、生きていれば必ず傍聴に来たであろう、その二人の遺影の持ち込みさえ認めず、その理由も説明せず、さらには、加害者へかける言葉はあっても、ついに遺族にはいたわりの言葉ひとつなかったのである。

そして、出した判決は、個別の事情には何の関係もない、過去の判例に縛られた単なる「相場主義」に基づいたものだった。

裁判官は被害者の味方ではない、むしろ敵だ。裁判の結果に加害者ではなく、被害者の側が泣く。それが日本の裁判だと、本村はこの時、思い知ったのである。

第九章　凄《すさ》まじい検事の執念

判決後、裁判所から通りを隔てた向かいにある山口県林業会館に設けられた記者会見場に姿を現した本村の怒りは凄まじかった。

刈り上げた短い髪に縁なしの眼鏡。ベージュのジャンパーの下には、黒い丸首のTシャツとチェックの襟つきシャツが見える。下は、ジーパンだ。大学生のようなこの青年は、会見の席にどっかり腰を据えると、口を開いた。

「司法に絶望しました。控訴《こうそ》、上告は望みません。早く被告を社会に出して、私の手の届くところに置いて欲しい。私がこの手で殺します」

それは、殺人予告だった。

司法に絶望した。自分の手で犯人を殺す。唇を震わして、そう言ってのけた青年の迫力に居並ぶ報道陣は、声を失った。

さすがに、いかに被害者遺族といえども、記者会見という公《おおやけ》の場で「報復殺人」の予告をやってのけるとは、誰も予想していなかった。ニュースを通じて、初めて本村の凄まじい怒りが全国の人々の目に映った。それは、見たものをたじろがせるに十分な迫力だった。

そして、本村はこう語った。

「判決の瞬間、僕は司法にも、犯人にも負けたと思いました。僕は、妻と子を守ることもできず、仇《かたき》を取ることもできない。僕は無力です。今は二人の遺影を見るのも辛《つら》いです。妻と娘に何も報告してあげることができません。司法にこれほどまでに裏切られると、もう何を信じていいのかわからなくなりました。結局、敵は、被告人だけじゃなくて、司法だったように思います」

やがて、本村は感極まった。

「遺族だって回復しないといけないんです、被害から。人を恨む、憎む、そういう気持ちを乗り越えて、また優しさを取り戻すためには……死ぬほどの努力をしないといけないんです」

涙をこらえながら、本村がそう声を絞り出した時、記者たちの中に、涙を浮かべる者も出た。取材する側にも家族はいる。妻や子供がいる。本村の気持ちは痛いほどわかった。

痛烈な記者会見だった。本村の姿は、そのまま全国にニュースとして放映された。その衝撃的な映像は、多くの国民にインパクトを与えた。

会見を終えると、本村は、裁判所の真裏にある山口地検に向かった。三階にある吉池検事の「三席検事室」に行くためである。本村や由利子、そして敏恵子ら遺族は、公判が終わるたびに主任検事の吉池の部屋にいったん集まり、その日の公判で何が立証され、何が問題になり、課題は何が残ったか、ということを毎回、吉池によって説明してもらっていた。

遺族たちは、判決の結果に肩を落として吉池の三席検事室に入っていった。広い三席検事室のソファに腰を下ろした遺族たちに声はなかった。すべてが虚《むな》しかった。Fと弁護人の笑い声がそこにいても聞こえるようだった。

その時である。

「僕にも、小さな娘がいます。母親のもとに必死で這《は》っていく赤ん坊を床に叩《たた》きつけて殺すような人間を司法が罰せられないなら、司法は要らない。こんな判決は認めるわけにはいきません」

銀縁の眼鏡をかけ、普段、穏やかでクールな吉池検事が、突然、怒りに声を震わせたのである。目が真っ赤だった。本村たちは息を呑《の》んだ。

「このまま判決を認めたら、今度はこれが基準になってしまう。そんなことは許されない。たとえ上司が反対しても私は控訴する。百回負けても百一回目をやります。これはやらなければならない。本村さん、司法を変えるために一緒に闘ってくれませんか」

涙を浮かべた吉池の言葉に、遺族の方が圧倒された。

「……」

言葉が出なかった。凄まじい正義感だった。

吉池にとって、それは自分自身を奮い立たせる言葉だったかもしれない。無期懲役はたしかに予想していた。やはり敗れ去った。それでも、ショックだった。

吉池には、小学一年になる娘がいた。二十四歳になったばかりの目の前の青年が、妻と幼い娘を惨殺《ざんさつ》されて、これだけ闘っているのに、自分はそれに何も報いることができなかった。

検察は、公益の代表者であると同時に、被害者遺族の代弁者でもある。吉池は、自分の無力さを痛感した。しかし、あきらめてはいけない。

負けたからといって、すべてをあきらめるわけにはいかないのだ。挫《くじ》けそうになる気持ちを振りはらうかのように、吉池がそう言った時、遺族は、その姿に感激した。

ここまで私たちのために必死になってくれるのか、と。

本村が何もかも手につかなくなり、自殺を考え、自らの命を断つことによって抗議しよう、と思っていたのは、つい昨日のことである。だが、揺るぎない信念と正義感で訴えてくる目の前の吉池の姿に、本村は突き動かされた。

「こんな判決を残してはいけない」

吉池は、そう訴えている。そのために自分に協力してくれ、と頼んでいる。

この時、本村の頭に初めて「使命」という言葉が浮かんだ。吉池の涙が、その言葉を思い起こさせた。

単なる自分の「応報感情」を満足させるだけではない。司法にとって、そして社会にとって、今日の判決がなぜいけないのか、どうしてこれを許してはならないのか、自分も訴えるべきではないか、と思った。

それが、ひょっとしたら、自分に課せられた「使命」ではないのか。それこそが弥生と夕夏の死を本当に「無駄にしない」ことではないのか。

吉池の姿を見ながら、本村はそんなことを考えていた。

始まった「心の旅」

「落ち着くまでここで休んでいってください」

三席検事室を出た本村は、由利子と、小倉の両親とも、そこで別れた。

すると、検察事務官が本村に小さな個室を空けてくれたのだ。本村だけが、部屋で気がすむまで休んでいくよう言われたのである。

ありがたかった。

記者会見で「この手で殺す」とまで言った自分と、「司法を変えるために一緒に闘ってくれませんか」という吉池の言葉を聞いたあとの今の自分。応報感情だけに支配され、妻と子への贖罪《しょくざい》の念から、自分は我を見失っていたのではないか、と本村は思った。

頭が混乱していた。じっくり考える時間が欲しかった。

吉池はその自分を見通したかのように、検察庁の中で個室を用意してくれていたのである。

本村は、部屋の中で目をつむった。

本村には、この時、ある航空チケットが渡されていた。宇部《うべ》空港発羽田行きのチケットである。テレビ朝日の「ニュースステーション」が、今日の判決に関して、生出演してくれないか、と要請してきていたのである。

しかし、強制ではない。

もし、来ることができるなら、是非、生出演して、テレビを通じて全国に訴えてください、というのである。

本村は、目をつむったまま考えた。司法のため、社会のため、自分は何をすべきなのか。社会的に意味がなければ、どんな正論を言おうとそれは被害者の一人よがりだ。一人よがりではないことを、自分は言えるのか。もし、それを語ることができるなら、自分には、その「使命」があることになる。そう思った。

吉池が用意してくれていた部屋で、本村はじっと考えた。一時間が経《た》った。本村は、上京することを決めた。

人生で、これは最初で最後になるかもしれない。自分の主張を社会に理解してもらおう。それが犯罪被害者たちのためである。弥生と夕夏のためでもある。

このチャンスを生かさなければならない。本村は立ち上がった。それは本村の「心の旅」が始まった瞬間でもあった。

二時間後、本村の姿は、宇部空港発羽田行きの全日空機の機内にあった。

この時、本村にとって、忘れられないことがあった。

「山口の事件のご遺族の方ですよね」

座席に座っていた本村に、スチュワーデスが飲み物のサービスをしながら声をかけてきたのである。

「はい、そうです」

本村は、返事をした。

「お昼、テレビを見ました。これはこの飛行機に乗っているスチュワーデス全員の気持ちです。こんなものしかありませんけど……。これはお守りです。がんばってください」

スチュワーデスはそう言って、小さなだるまのお守りを本村に差し出した。

目が飛び出す仕組みの「福入だるま」だった。なにもなかったのだろう。でも、なにかを伝えたい。それは、彼女たちの気持ちがこもったプレゼントだった。

「ありがとうございます」

本村は、その縁起のいいお守りを見ながら、新鮮な驚きを感じていた。

自分は、犯人をこの手で殺す、と言っている人間である。記者会見でそんなことを言ってのけ、それをニュースで流された男である。

そんな男に、これは全員の気持ちです、がんばってください、と言う人がいた。それまで、本村は、自分は世間から憎まれているとばかり思い込んでいた。人を殺すと公言する人間なのだから当然である。

しかし、そのニュースを見た人が、逆に、わざわざ「がんばってください」と、言ってきてくれたのである。自分を支持してくれる人もいる。それは本村に、ささやかだが、しっかりと勇気を与えてくれる出来事だった。

その日、三十分遅れの夜十時半からスタートしたテレビ朝日「ニュースステーション」に、本村は生出演した。

昼間の会見の時に着ていたジャンパーを脱ぎ、本村は、黒い丸首のTシャツの上にチェックの襟つきシャツを羽織っただけのラフな格好でカメラの前に座った。

キャスターの久米宏に促されて、本村は、こう判決の感想を語り始めた。

「遺族として一番悔しいのは、過去の判例を、二つも三つもあげて、過去にこういった少年事件があったけど、無期になってます、だから無期ですと、今までの判例と整合性をとっていることとです。裁判官としても、これで突かれることはないだろうというところが見えるし、あと、家庭環境の不遇というのも挙げている。誰だって不遇なことがあって、その不遇な中で罪だけは犯さないように生きている。私だって、持病もあるし、妻も、離婚されたお母さんと母子家庭の中で育っています。そういった中でもみんなそれぞれ罪だけは犯さないように、人間として前向きに生きているわけです。それを家庭環境が不遇だから情状酌量しましょうと言えば、ほとんどの犯罪が情状酌量になってしまうんじゃないかと思うんです。

それと、少年が将来更生するんではないかという点ですが、それは、可能性であって、逆にまた人を殺す可能性もあるわけです。少年の無期刑というのは、少年法で読む限り、最短で七年で仮出獄できます。ということは、いま十九歳の少年は二十六歳で社会復帰できるわけです。また同じ犯罪を犯すかもしれない。その時に、こういった判決を出した裁判官、もしくは弁護人というのは責任を取るのか。無期懲役を出すのは自由ですが、その判決についてきちんと責任が取れるのかどうかということを、私は裁判官に問いたいと思います」

本村からは、昼間の記者会見での感情の昂《たか》ぶりが明らかに消えていた。会見を見た人間には、まったくの別人に映ったかもしれない。久米が聞く。

――マスコミの取材を受けようと決心した理由は何ですか？

「最初はやはりいろいろと悩みました。でも、短い間でしたが、一家の長として、家庭を持った人間として、自分の家庭を守れなかった責任というのが私にはあります。二人の死を無駄にしないためには、最後にどうすればその責任が果たせるかと考えた時に、二人の死を通して、私が学んだことを、社会に反映させなければならないと思いました。

それが、今の犯罪被害者の置かれている立場であるし、それにまつわる法律の不備、権利のなさを訴えなければならないということでもある。今こうして生出演しているのも、全国にたくさん犯罪被害者がいるということ、そして、そういった犯罪被害者が、みんな苦しんでいるということを訴えたかったんです。それこそが今、私ができる妻と娘に対する罪滅ぼしであると思っています」

――事件報道に関しても、かなりおかしいと思っている点が多いですか？

「そうですね、まず、実名の件から言いますと、事件直後、私たち家族の名前というのは、なんら許可なく実名で報道されました。ただ、犯人が捕まって、犯人が少年だったということで、まず、犯人側が匿名《とくめい》になります。で、犯人が匿名になったから、被害者側も不公平じゃないかということになって、被害者側も匿名になった局が何社かあります。で、その後に、事件の内容が、どうも性的虐待《ぎゃくたい》があったようだということが徐々にわかってくると、私たち家族が、すべて匿名に変わったんです。事件の内容によって実名・匿名を変えるんであれば、事件の内容がわかるまでは報道すべきじゃないんですよね。

どうして少年の場合は匿名報道にするんですかと、取材に来られた記者の方に聞くと、少年の人権を侵害してしまうからですと言われるんです。じゃあ、あなたたちは、被害者の名前というのは、なんら許可なく報道してますが、それは人権の侵害にならないんですか、と聞くと、誰も答えられない。結局、少年イコール少年法第六十一条なんです。実名報道で、本当に人権が侵害されるのかとか、本当に少年の将来の更生に支障をきたすのかとかは、実は一切考えていなくて、思考停止しているだけです。少年は匿名だ、被害者は実名でいいんだという、慣例的にやっていることに、おかしいなと思いました」

小渕《おぶち》総理のひと言
本村は、弥生が強姦《ごうかん》されていることを自分の口から語り始めた。

「妻は強姦されています。最初、事件報道は、強姦という事実が明らかになると、〝奥様の名誉が傷つけられますから〟ということで、乱暴目的だとか、そういう言い方をされていました。しかし、事実が伝わらなければ、どれだけ事件が悲惨だったかわかりません。どれだけ犯人が酷《ひど》いことをしたかということが伝わらなければ、妻と娘は浮かばれないと、私は思いました。天国の二人は、ほんとは言わないで欲しいと思ってるかもしれない。でも、私が天国に行った時に、一生懸命謝るんで、私の事件に関しては、あったことは全て事実として報道してもらいたいと思ってます。それこそが、二人が浮かばれることだと、私は信じています」

この国では、被害者側はほんとに無力なんですね、と久米がため息を漏らすと、本村はこう応《こた》えた。

「そうですね。今の刑事訴訟法の中には、私が読む限りでは、被害者の権利という言葉は、ひと言もなくて、被害者ができることは、何も書かれていないんですよね。結局、国家が刑罰権を独占しているんで、強い国家が弱い被告人を裁くという、で、弱い被告人には権利をたくさん保障してあげましょうという構図が見えて、そこから被害者が、ポツンと置き去りにされてるんですね。

ですから、例えば遺影を持ち込むことにしても、駄目です、と言われる。で、駄目なのには、何か理由があるでしょう？　と、その理由を聞くと教えてもらえない。私を止めるのは、衛視なんで、誰の命令ですか？　と聞くと、裁判長です、と答える。

あなたは理由を知らないんですね？　と聞くと、そうです、と言う。じゃあ、私が、裁判長に直接会うから、裁判長に会わせて下さい、と言っても、裁判長は、あなたに会う義務もないし、あなたは、裁判長に会う権利もない、と言われて、結局、四面楚《そ》歌《か》なわけです」

本村は、若者らしく疑問に思っていることを率直に自分の言葉で語っていった。

「でも私は、事件の真実を知る手段は裁判しかないんで、裁判を傍聴するしかないんですよ。しかし、遺影を持っていれば、入廷できません。そして、〝布を巻けばいいですよ〟って言われる。でも理由は説明してもらえない。どうして布を巻けばいいのか、よくわからないんですけど、私は、毎回、遺影に向かって謝って布を巻き、裁判を傍聴しています。事件の真相が知りたいんで、そうやって傍聴しているということです」

初めて全国ネットのテレビに生出演した本村は、自分に課せられた「使命」を意識し、自分なりの表現で一生懸命、語った。

二十四歳の若者に言えることは、たかが知れている。しかし、感情の昂ぶりを抑え、舌足らずの面はあっても、本来最も大切にされなければならない人権が蔑《ないがし》ろにされ、犯罪者の利益だけが過剰に守られる本末転倒の社会に、若者らしい痛烈な疑問が投げかけられたのは間違いなかった。

それは、立派に自分の使命を果たす「一人よがりではない」本村なりのメッセージだった。

昼間の記者会見と、夜の生出演。それは、子供を持つ全国の親たちの魂を揺さぶるものとなった。こうして本村の、新しい闘いが始まったのである。

反応はすぐ現れた。

「無辜《むこ》の被害者への法律的な救済が、このままでいいのか。本村さんの気持ちに政治家として応えなければならない」

記者団に囲まれた小渕恵三《けいぞう》総理が、突然、本村の名前を挙げて犯罪被害者問題に言及したのは、判決が出たその日のことである。

一国の総理が、特定の犯罪被害者遺族の名前を挙げて「その気持ちに応えなければならない」と発言するのは、稀有《けう》なことだった。

総理を取り囲んでいた官邸クラブの記者たちもその言葉に驚いた。

この十一日後の四月二日、小渕は脳梗塞《こうそく》で倒れ、順天堂大学病院に入院。退院することなく、五月十四日にそのまま亡《な》くなった。

小渕が息を引きとる二日前、内閣が提出していた「犯罪被害者保護法」と「改正刑事訴訟法」、「改正検察審査会法」が国会を通過した。これによって、刑事裁判を傍聴することしかできなかった犯罪被害者に、法廷での意見陳述が認められることになる。

本村たち犯罪被害者の声は、確実に世の中を動かし始めていた。

第十章 明るみに出たFの本音

一審判決から半年を経た二〇〇〇年九月七日、広島高裁で、光市母子殺害事件の控《こう》訴《そ》審《しん》は始まった。

この時、本村は、山口地裁であれだけ拒否された弥生と夕夏の遺影の持ち込みを許可されている。ただし、「被告人には見えないように」という条件つきである。布で巻かない二人の遺影を法廷に持ち込むことができたのは、初めてのことである。確実に司法が変わりつつあることを本村は感じた。

本村が幹事を務める犯罪被害者の会（あすの会）は、犯罪被害者保護の一環として、被害者の刑事司法手続きへの参加を求める中で、遺影の持ち込みについても運動を展開していた。

あっという間に全国に支援の輪が広がり、この年の五月には、遺族傍聴席の確保、公判記録を閲覧・コピーする権利などを定めた犯罪被害者保護法などが成立、被害者には、公判での意見陳述権も認められ、これまで、証人として出廷し、質問に答えることしかできなかった被害者が、自らの意思で心情を述べることができるようになっていた。

犯罪被害者の会は、発足して半年も経《た》たない内に、想像もしていなかったほどの大きな成果を次々と挙げ始めていたのである。

本村の遺影持ち込みをきっかけに、岡村勲弁護士（犯罪被害者の会代表幹事）の妻を殺害した被告人に対する控訴審でも、遺影の持ち込みが認められ、広島、東京、大阪の各高裁で、持ち込みが次々と認められていくことになる。

傍聴席の二列目に座った本村は、初めて許可された二人の遺影をひざの上で自分に向けて、法廷でのやりとりに聞き入った。

第一回公判冒頭から、検察は激しい闘志を剝《む》き出しにしている。

検察が朗読した控訴趣意書には、一審判決を糾弾するこんな文言が並んでいた。

「原判決は、被告人に反省の情が芽生えているとして、更生可能性に結びつけているが、被告人は、捜査段階においては、反省を促す取調官に軽蔑《けいべつ》した態度をとり、留置場内でテレビゲームをしたいと述べたり、父親に漫画本の差し入れを要求するなどし、また、原審段階でも遺族に対する真摯《しんし》な謝罪の態度を示していないなど、今日まで反省悔悟の情は認められない」

時折、被告人席にいるFに視線を送りながら、検事は厳しい口調で朗読をつづけた。

「原判決は、前科がないことなどから被告人に犯罪的傾向が顕著ではないとして、これも前同様の更生可能性に結びつけているが、本件は、被告人の人格に深く根ざした自己的・攻撃的な危険性が発現した犯行であり、本件のような特異な凶悪重大事犯においては、犯罪的傾向の有無・程度を判断するに当たり、前科前歴の有無以前にこのような被告人の危険性を重視すべきであり、原判決の判断は余りに皮相かつ形式的である……」

過去の判例だけにとらわれて、つまり被害者の「数」だけにとらわれて個別の事情を見ようともせず、国民の法感情から遊離していくことを司法は許容するのか――それは、事なかれ主義、相場主義に終始する裁判官への痛烈な批判でもあった。

十月五日に開かれた第二回公判では、早くも検察側証人として本村本人が登場している。

「うしろにいるF（注・実際は実名）をこの手で殺してもいいと思っています。遺族一同、Fの死刑を切望しています」

「不幸な環境で、必死に生きている人はたくさんいます。それが減刑の理由にはなりません。（一審の無期懲役は）Ｆの反省を根拠にしているが、反省など認められません。事件後一年半が経つ今も、弁護士を通してすら、Ｆから謝罪は何ひとつありません」

本村はこの時、遺族としての峻烈《しゅんれつ》な感情を述べている。

しかし、この控訴審の行方を左右するのは、まったく別のものだった。捜査当局は、この控訴審が進行しているまさに真《ま》っ只中《ただなか》に、着々と極秘捜査をおこなっていた。それは、検察、警察が一体となった合同の闘いだった。

すべてが異例だった。

拘置監の中の手紙

山口県を代表する温泉街のある湯田《ゆだ》温泉駅には、小郡駅（現・新山口駅）で山口線に乗り換えると二十分ほどで着く。県庁のある山口駅のひとつ手前の駅である。

駅前にはこの駅の名物、高さ八メートルの巨大なキツネ像が建っている。

湯田温泉には、ケガをした白ギツネが温泉で傷を治したという言い伝えがあり、そのため「白ギツネが見つけた温泉」として広く知られている。駅舎よりも高い、巨大な白ギツネ像の前で観光客が記念写真を撮る姿が絶えない長閑《のどか》な温泉街だ。

この駅を出て山口市中心部に向かって東に徒歩で十分ほど歩くと、温泉街にはまったく不似合いな高い塀に囲まれた建物が見えてくる。

山口刑務所である。

田園風景と住宅街の中に忽然《こつぜん》と姿を現すこの刑務所の中に、山口拘置監がある。Fは、ここに収容されており、山口地裁での公判には、この山口拘置監から通った。

未決囚が収容されている拘置監には、一日に三十分程度の運動の時間がある。

狭い独房から解放されるのは、唯一《ゆいいつ》この時間だけで、どの未決囚もほぼ例外なく運動時間を楽しみにしている。

Fもそうだった。

この運動の時間は、ほかの未決囚とも顔を合わせることができた。「先生」と呼ばなければならない看守の監視こそあるものの、体操やジョギングなどをしながら、未決囚同士で言葉を交わすことも可能なのである。Fにとっても、それは貴重な時間だった。

しかし、もちろんじっくり言葉を交わすことはできない。

看守の目を盗んでの簡単な会話だけに、せっかく知り合いになっても話の中身を深めることはできなかった。それを補うのは、手紙である。

同じ境遇にある人間同士は、どんな場所であろうと不思議な連帯感が生まれるものだ。たとえ凶悪な犯罪を犯したものでも、それは変わらない。いや、むしろ犯罪者同士の特殊な連帯感というものがあるのかもしれない。

まだ十八歳だったFは、この短い運動の時間に、同じ未決囚とさまざまな会話を交わしている。そして、知り合いになった人間には、拘置監内で手紙を出し合った。手紙では、お互いがいろいろなことをぶつけ合っていた。筆まめなFは、さまざまなことを手紙に書いている。

出所していった人間にも、Fは、手紙を出している。

この手紙に目をつけたのは、捜査当局だった。一審判決で「反省の情が芽生えている」「人間性の一端が残っている」「矯正教育による改善更生の可能性がある」と認定されたFの心情とは、本当に裁判所が指摘した通りなのか。

Fに、犯した罪に対する反省の情などあるはずがない。捜査にあたった警察や検察の人間には、そのことがわかっていた。

十八歳少年への死刑判決を回避するためだけに、裁判長が「反省の情あり」と無理やり持ってきたことを捜査のプロたちは知っている。

しかし、そのFの本当の心情を裁判の場で立証しなければならなかった。

山口県警と山口地検の捜査官は、Fと文通している人間を一人ひとり訪ねていった。

そして、手紙の中身を教えて欲しいと頼んだ。

ある者は見せ、ある者は拒否した。

頭を下げて、何通か見せてもらった。拘置監の中でやりとりされていた手紙も見せてもらった。執念の捜査だった。

そこには、Fの本音が凝縮されている部分がいくつもあった。

「これを提供してください」

熱心な捜査官の願いに、首を縦に振ったのは、わずか二人だけだった。

二人から提供された計二十七通のFの手紙。それは、広島高裁の法廷に出され、うち二十三通が証拠として採用された。

最初にこれが法廷に出てきたのは、二〇〇〇年十二月十二日の第三回公判である。

この時、検察が証拠申請したのは、前年の十一月から控訴審が始まる九月までに、Fが友人に書き送った封書十一通だった。

これに対する弁護側の抵抗は激しかった。

「これは、本人が裁判に証拠として用いられることを承知しないまま出した手紙だ。

本人の同意なしに証拠採用するのは通信の秘密を侵している。憲法違反だ」

弁護側は、異議を申したて、徹底抗戦に入った。

手紙が証拠採用され、やっと一部が抜粋されて法廷で朗読されるのは、翌年四月二十六日の第五回公判でのことである。この時、手紙の数は、二十三通になっていた。

それを検事が法廷で読み上げた時のFの驚愕《きょうがく》、そして傍聴席の仰天は、尋常なものではなかった。

たとえば、二〇〇〇年五月には、Fはこんな手紙を書いている。

〈ああ、青春なんて今は無き幻のごとく消えさり、夏なのに風鈴の音《ね》を聞けんとは悲しいものよ。ふと気付けば、ここは刑務所、壁の中、オレは何のために生まれたのか不明。どこかの樹海に彷徨《さまよ》ってるのかな。

海だ、ビキニだ、のぞきだ、はな血だ、ぶっ飛びだ、目にうつりし姿はどこかのおばちゃん軍団、一個師団なんて笑える夏の海岸ぞいのエピソード、おいどんは何ばしよっとか？ わいは何や？ 何ぜよー!!（中略）

殺人の体験を書くにあたり、〇〇（注＝手紙の相手の名前）に約束をしてもらう。
一、これはキミへのレター。二、書いてるとストレスがたまるので短くなるがもんくなし。三、この手紙だけ、オレの霊が宿るが心してかかるように、この三点だ。

まず、殺しについてだが、私は二人を絞殺《こうさつ》した。もし斬殺《ざんさつ》とか刀で切るのなら「スッキリ」「ためになる」とか言える。もし射殺とかピストルなどの飛び道具なら「快感」「自慢」になる。二点共、ヒーローになれるからな、一刻でも一秒でもテレビの中のスーパーマンもしくは敵キャラ。だけど、絞殺やバラバラ殺人などは後味が悪く、寝るとくりかえされる禁断なのだよ。

だからニュースなのさ。私が思うに、無差別殺人とかと似ててね。精神がトチくってるヤツとは時を止められる魔物なのさ。妄想の激しさに、自分を見失うのさ。だから、結果的には、精神の病にて刑にはかからない。なぜか私はかかったがね。残酷なヤツほど才を隠してるくせ、気付きもしない。まつは永遠の闇《やみ》のみ。白い目さ。

(中略)

残酷は一種の変態であるからして、私は異常性欲、だが、良く言えば甘えん坊、そして興味心が人一番だった。

知ある者、表に出すぎる者は、嫌われる。本村さんは出すぎてしまった。私よりかしこい。だが、もう勝った。終止笑うは悪なのが今の世だ。ヤクザはツラで逃げ、馬鹿《ばか》(ジャンキー)は精神病で逃げ、私は環境のせいにして逃げるのだよアケチ君。

世間の事を知る者ほど、自殺に走る。もっと赤子の心のように純粋な世間なら、自殺なんてなかったのに、戦争なんてなかったのに、自然を汚す化学もね。お前は私の数十倍めぐまれてる。親が二人いるから、一人でもかけると、子供はこける。親は父と母でマツバツエ!! そう心がけよ。　おわり〉

ふざけたタッチの中に、Fの知的レベルの高さが窺《うかが》える内容である。これら長文の手紙の中から、自らの裁判に関する部分を抜き出すだけでも、こんなものがあった。

〈誰がゆるし、誰が私を裁くのか…そんな人物はこの世にいないのだ。神になりかわりし、法廷の守護者たち…裁判官、サツ、弁護士、検事たち…。私を裁ける者は、この世におらず…二人は帰ってこないのだから…。この世に霊がいるのなら、法廷に出てきてほしいものだ…何が神だろう…　サタン！　ミカエル！　ベリアル！　ガブリエル!…ただのバカのあつまりよ!〉

〈犬がある日かわいい犬と出合った。…そのまま「やっちゃった」、…これはつみでしょうか〉

〈無期はほぼキマリでして、7年そこそこで地上にひょっこり芽を出す〉

〈ま、しゃーないですわ今更。被害者さんのことですやろ？　知ってま。ありゃーちょーしづいてると、ボクもね、思うとりました。…でも、記事にして、ちーとでも、気分が晴れてくれるんのなら好きにしてやりたいし〉

〈オイラは、一人の弁ちゃんで、最後まで罪が重くて「死」が近くても「信じる」心をもって、行く。そして、勝って修業、出て頭を下げる。そして晴れて「人間」さ。オレの野望は小説家。へへ。〉

〈五年＋仮で8年は行くよ。どっちにしてもオレ自身、刑務所のげんじょーにきょうみあるし、早く出たくもない。キタナイ外へ出る時は、完全究極体で出たい。じゃないと二度目のぎせい者が出るかも〉

未決囚として、同じ境遇にいた仲間に出したものだけに、偽りのないFのありのままの心情がそこには綴《つづ》られていた。

検察はこれらの手紙を手に、「Fは、本件犯行を犬の交尾に譬《たと》えている」と、厳しく糾弾した。

もともと控訴《こうそ》審《しん》は、起訴事実ではなく量刑が争われており、以後、法廷の攻防は、手紙の中身、そしてその評価をめぐってのものが中心になっていく。

だが、本村にとっては、手紙の中身はさして驚くほどのものでもなかった。Fが反省などしていないことなど、とうにわかっている。自分を揶揄《やゆ》し、そんなふざけたことが延々と記述されていても、不思議でもなんでもない。むしろ当然だと思えた。

しかし、実際に、そんな手紙が存在し、法廷に証拠として出てきたことが驚きだった。

この裁判にかける当局の執念を、本村は垣間《かいま》見た。

「検察は公益の代表者であると同時に、被害者遺族の代弁者」という吉池検事の言葉を、本村は思い出した。

検察も警察も、このまま正義が負けてたまるか、という凄《すさ》まじい闘志でこの裁判に立ち向かっていたのである。本村は、そのことをひしひしと感じた。

マスコミの報道は、この新たな証拠に、ふたたび過熱した。手紙の中身は、テレビで、そして雑誌で、ひとつひとつ紹介されていった。

光市母子殺害事件は、ますます大きくなっていった。

「二人の最期《さいご》の姿が君の犯した罪」

二〇〇一年十二月二十六日。控訴審は、広島高裁での被害者遺族の意見陳述という大きな舞台を迎えた。本村は、これまで一審でも、そしてこの控訴審でも、検察側証人として証言台に立っている。

しかし、この日は、広島高裁で初めて意見陳述権を行使する人間となった。これは、本村たちが運動してきた刑事司法への被害者の参加が認められ、刑事訴訟法が改正されたことによるものである。

紺色のスーツ姿の本村は、感情の昂《たか》ぶりを抑え、冷静に、そして淡々と陳述していった。

「私がここで発言する内容は、すべてF君、君に聞いて欲しいことです。私が発した言葉のうち、ひと言でもふた言でも多くの言葉が君の心に届き、君の犯してしまった罪について少しでも考察を深める手助けになればと思います」

本村は、そう語り始めた。

「妻と娘の最期を知っているのは、F君、君だけです。妻と娘の最期の表情や最期に残した言葉を知っているのは君だけです。妻は君に首を絞められ、息絶えるまでの間、どんな表情をしていたか、どんな言葉を残したか、母親を目の前で殺された娘は、どんな泣き声だったか、必死にハイハイして君から逃れ、息絶えた母親に少しでも近づこうとした娘の姿はどんなだったか、君はそれを忘れてはいけない。妻と娘の最期の姿。それが、君の犯した罪だからです」

傍聴席から由利子のすすり泣きだけが聞こえていた。本村は、ゆっくりとつづける。

「君がどんな家庭環境で育ち、どのような経験を経て犯罪に至ったかが罪ではない。君が殺した人の夢や希望、人生そのものを奪ったことが罪なのだから。そして、君は妻と娘のことについて何一つ知らない。だからこそ反省も出来ないし、己の犯した罪の大きさを知ることすら出来ない。ただ、唯一君が妻と娘の人生を知る術《すべ》として、妻と娘の最期の姿がある。きっと、妻と娘は最期まで懸命に生きようとしたと思う。生きたいと願ったと思う。その姿を君は見ている。妻と娘の最期の表情や言葉を君は忘れてはならない。毎日思い出し、そして己の犯した罪の大きさを悟る努力をしなければならない」

Ｆは背中を丸め、頭をたれて聞き入っている。そして、最後に本村は、こう言って意見陳述を締めくくった。

「君が犯した罪は万死に値します。いかなる判決が下されようとも、このことだけは忘れないで欲しい」

本村の毅然《きぜん》たる態度に、法廷は咳《せき》ひとつなく、ただ静まりかえった。

二〇〇二年一月十五日、全十二回に及んだ控訴審は結審した。

本村は、公判後、こう語った。

「少年が更生する可能性があるとか、過去の判例に照らしてといった言葉で〝罪と罰〟を曖昧《あいまい》にせず、奪われた妻と娘の命の尊厳に踏み込んだ判決文を書いていただきたいと思っています」

第十一章　「死刑」との格闘

本村は、いつの間にか「死刑存置派」の最大の論客と位置づけられるようになっていた。

本村の社会的活動は、全国犯罪被害者の会（あすの会）にとどまらず、さまざまな分野に及んでいった。講演の依頼も次々と舞い込んできた。

殺された妻と子への愛を胸に、死刑の意味を問いつづけるこの青年の語る言葉に、多くの日本人が足を止め、耳を傾けるようになっていた。

同時に、では、本当に「死刑」は必要なのか、なぜ必要なのかという根本的な問いが繰り返し本村にぶつけられるようになっていった。

二〇〇二年一月、本村は、日本テレビの「スーパーテレビ情報最前線」という番組の企画で、アメリカ・テキサス州の「ポランスキー刑務所」を訪ねている。

それは、本村に実際に少年犯罪の死刑囚に会ってもらい、その中から死刑という刑罰の意味を見つめ直してもらおうという企画だった。

本村には、死刑が持つ意味を改めて問い直してみたい思いがあった。広島高裁での判決が近づくにつれ、その考えはますます強くなっていた。

本村は、ここで、犯行当時十七歳九カ月だったナポレオン・ビーズリーという黒人死刑囚と面会している。この時、本村も、ビーズリーも、共に二十五歳である。犯行時に十八歳間近の年齢で、しかも本村と同い年。たしかにこれほど適任はいなかっただろう。

ビーズリーは、六十三歳の白人男性を射殺して、死刑囚となった。

彼は、学年代表を任されるほど成績が優秀で、アメリカン・フットボールのスター選手でもあった。黒人があまり行かないレベルの高い白人中心の高校へ通っていた。

そのため、黒人の仲間からは、「白人に尻尾《しっぽ》を振っている」と言われた。黒人の友だちに認められたいという思いがあった。少し悪ぶってみたビーズリーは、ある時、黒人仲間と一緒に車を盗むことになった。

狙《ねら》いを定めたところへ行ったら、突然、ガレージに人が出てきた。アメリカは銃社会である。ビーズリーは先に撃った。白人が死んだ。六十三歳の老人だった。

一人を射殺して死刑判決を受けたのは、被害者の息子が連邦判事だったからとも、あるいは人種差別が原因、とも聞かされたが、本村に真偽はわからない。

しかし、死刑判決を受けて、「死刑執行を待つばかり」というその青年に、本村は会って話を聞いてみたかった。

相手を刺激してはいけないということで、本村が犯罪被害者の遺族であることは伏せられた。テレビのレポーターとして、本村はビーズリーに面会した。

ポランスキー刑務所の面会室は、幅五メートル、奥行き二十メートルほどの廊下のようなつくりになっており、両側の壁に、仕切りで区切られたブースが二十ずつ並んでいた。そのブースのひとつひとつが面会室なのだ。

廊下を歩けば、それぞれの面会の様子が手にとるようにわかる。日本とは格段に違うオープンさである。

目的のブースに向かう途中、「ヘイ、ジャップ」とか、舌を出してベーをやってくる囚人がいた。さすが犯罪大国の囚人たちである。屈託もないかわりにエチケットも皆無だ。

一つのブースには、黒い受話器が二つついていた。隣のブースとは仕切り一枚で隔てられているだけなので、大きな声で話すと、隣の声がまる聞こえになる。

ビーズリーは、強化ガラスの向こう側、畳半畳ほどの小部屋で椅子《いす》に座って本村を待っていた。

向こう側にも黒い受話器が備えられている。許された面会時間は四十五分。本村は、強化ガラスを挟んで椅子に座り、通訳の女性とともに、それぞれ受話器を取り、持参したノートを広げ、静かにビーズリーに語りかけた。

――会ってくれてありがとう。今日は死刑という刑罰があなたの心境に与えた影響について知りたくて、日本から来ました。どうしてこういった殺人事件を起こしてしまったのか、教えてもらえますか。

ビーズリーは目の優しい黒人だった。知的な雰囲気を持ち、成績優秀だったというのがよくわかる。彼はこう言った。

「理由はひとつだけでなく、たくさんあります。十代の頃、僕は多くの間違いをしてしまいました。それがこんな結果となってしまったんです。でも、決して殺すつもりはありませんでした」

――事件を起こす時に、人を殺してしまったら「死刑になる」ということはわかっていましたか。

「いいえ、まさか死刑になるとは思っていませんでした」

――死刑という判決を聞いて、自分の心の中に、何か心境の変化はありましたか。

「今までの自分の人生についてよく考えるようになりました。被害者とその家族には、毎日、謝り続けています。僕が死刑囚となったのは、もう変われないと判断されたからです。でも、僕は変わりました」

「死刑判決」が教えたもの

本村は、ビーズリーの言葉に、ひとつひとつ頷《うなず》き、ゆっくりと言葉を選びながら質問をつづけた。

――あなたが、すごく事件に対して真摯《しんし》に反省していることを感じます。国が、あなたに死刑という刑罰を下したわけですけど、もし、それが国じゃなくて、例えば、被害者の方があなたを死刑にして欲しいと願えば、あなたは納得しますか。

「僕の家族は、息子を生かして下さい、助けて下さいと言っています。被害者の家族は、こいつを殺せ、死刑にしろ、と言いました。そこで裁判所が両方を見た上で判断したのです。ただ、僕は、自分が死刑になることですべてが解決されるとは思っていません」

ビーズリーは寂しげな表情を浮かべると、そう語った。

――難しいところですね。ビーズリーさんは、自分が死刑になることは、あまり意味を持たないという風に考えているということですか。

「僕の命と引き換えに彼の命が戻ってくるということなら、とっくに僕の命を捧《ささ》げています」

――それは、死刑という刑罰を科せられて初めて、命について深く考えたから出てきたことでしょうか。

「そうですね。僕が死刑囚になって家族が泣きました。自分が死刑判決を受けた時、母さんが泣き崩れた姿を見て初めて、遺族の人にこんな悲しみを自分が与えてしまったことに気づきました。母の姿を見て、人の生命《いのち》がいかに大切かを知ったんです」

誠実な語り口だった。死刑囚ということが本村には信じられなかった。ビーズリーはこうつけ加えた。

「死刑という判決を受けて、自分のすべてが変わりました。殺された人にも家族がいて、愛する人、愛される人がいたことに、僕は初めて気がついたんです。僕は、死刑判決を受けるまで、なんでこんなことをしてしまったのか、どうして人を殺したのか、と荒れていました。死刑判決を受けて初めて命について深く考えました。いま、僕は本当に自分のやったことを後悔しています」

本村は、大きく頷き、フーッと息を吐いた。目の前にいる黒人青年が、自分の犯した罪に対して深い反省をしていることは疑いなかった。

だが、本村には、罪というのは、反省さえすれば、許されるものだろうか、という思いがある。本村は、さらにビーズリーの心の中を聞きたかった。

本村は意を決してカバンから弥生と夕夏の写真を取り出した。二人の写真をビーズリーに見せながら、こう言った。

――この写真を見てもらえますか。これは私の家族です。私の妻と娘です。妻と娘は少年に殺されました。その少年は十八歳で、三年前のことです。実は、私は被害者遺族なのです。隠してて、ごめんなさい。

ビーズリーの表情が曇った。本村がつづける。

――僕の妻と子供を殺した少年に対する裁判はまだ続いています。その中で、僕は少年に死刑を求めています。僕は君と同い年です。君と同じように、きっと加害者の少年の家族は彼に生きて欲しいと思っているし、僕たち遺族や妻の友だちとかは加害者に死んでもらいたいと思っている。どちらが正解か、僕にもわからないんです。僕は、死刑というものが、人にどういう影響を与えるか知りたくて来たんです。

「あなたの気持ちはよくわかります」

と、ビーズリーは悲しげにこう語った。

「でも、もし許されるなら、もう一度外に出て、社会と共存して生きていきたい。僕たちはみんな人間なんです」

僕たちはみんな人間。本村にとって、強烈な言葉だった。

――あなたが社会に出たら、絶対に同じ過《あやま》ちを繰り返さないっていう自信はありますか？

「自信はあります。僕は変わったから」

――今いろいろ話をさせてもらって、とても君が人を殺した人間とは、僕には思えないんです。

「みんなそう言ってくれます」

そう言うと、ビーズリーは弥生と夕夏の写真を、じっと見た。そして、

「君の家族の顔を覚えたよ。いつも君の家族の冥福《めいふく》を祈っている。毎日祈るよ」

と、微笑《ほほえ》んだ。

人が人を殺す。死刑という刑罰がいかに残酷であるかは本村もわかっている。しかし、それだからこそ死刑を受けるような犯罪を犯してはいけないのである。人を殺さ

なければ、人は死刑にはならないのだ。

人を殺したら、死刑になる——それが、加害者本人にとっても、被害者遺族にとっても、そして社会にとっても、どれほどつらく、損失であるかを本村は考え続けている。

今日は会ってくれてありがとう、今日の体験はとても大事で貴重なものでした、と本村は礼を言った。そして、こうつけ加えた。

「僕は、いろいろなところへ呼ばれて講演しています。死刑についてもいろいろ話しています。僕は、これからは、あなたのことを話します。君の話は無駄にしません」——

ビーズリーは死刑執行間近である。明日、行なわれてもおかしくない。地元・テキサスの新聞には、日常的に、死刑が執行された人間の姓名と、それぞれが執行前に遺《のこ》した言葉が報じられている。それだけ情報がオープンであり、死刑というものが身近なのだ。

本村は、潔《いさぎよ》く命をもって罪を償う男の話を今後、折にふれてすることを心の中で誓った。

「これから東洋人と会ったりしたら、君のことを思い出すよ」

そう言ってビーズリーは微笑んだ。

本村が、ありがとう、元気で、と言うと、二人は、ガラス越しに手と手を合わせた。

聖人のような顔だ、と本村は思った。これが本当に死刑囚なのか、と。

ビーズリーが一度、死刑執行直前に執行停止になった経験を持っていることを本村が聞かされるのは、面会のあとのことだ。最後の晩餐《ばんさん》を終え、刑場に向かうまさに直前に、ビーズリーは再審手続きが認められたことがあるという。

そんな土壇場《どたんば》にもう一度、審理をやり直すところが、いかにもアメリカらしい。だが、それでも死刑という結論は変わらなかった。聖人のようなビーズリーの穏やかな表情は、すでに一度「死んだ」ことによるものだったのかもしれない。

ビーズリーが薬物注射によって、死刑を執行されるのは、本村が面会した四カ月後の二〇〇二年五月のことである。

あそこまで反省し、生まれ変わっても、死刑から逃れることはできないのである。犯罪の無意味さ、虚《むな》しさがそこにはあった。犯罪は、被害者だけでなく、加害者も不幸にする。そのことを本村は、あらためて思った。

本村が思い出すのは、「自分は、死刑という判決を受けてから全てが変わった。そこから命について深く考えるようになった」というビーズリーが遺した言葉である。

死刑という刑罰は、やはり、その判決を受けた者にとって、つまり、人を殺した人間に対して、反省するきっかけを与えるものだと思った。本村はそう確信した。そして同時に、ビーズリーが遺した言葉が心に深く刻まれた。

「僕は死刑判決を下されてすべてが変わった。でも、僕はもう死ぬことしかないから何もできない。それはおかしい」

死刑囚・ビーズリーは、そういう疑問も、同時に本村に託したのである。

これは死刑の是非をめぐる根源的な問題である。

ビーズリーと面会したあとでも、人を殺した人間は、どれだけ更生しても「死刑」という罰を受けるべきだ、という本村の考えに変わりはない。立派に更生した人間でも死刑からは逃れられない。その事実から、社会が多くのことを学ばなければならない、と本村は思っている。

なぜなら、被害者は二度と帰ってこないし、被害者の無念や断ち切られた夢や希望は、どんなものをもってしても償えないほど大きなものだからだ。たとえ、少年であっても、極刑は必要だという本村の確信は揺るがなかった。

本村は、ビーズリーと面会できたことが嬉《うれ》しかった。人は死ぬまで反省できるし、改心できることを知ったからである。そして、深い反省の気持ちをいだいて最期《さいご》の時を過ごせば、聖人となって天に召されることを知ったからである。

一時の迷いや過ちで大変な罪を犯した人間でも立派に真人間になれる。ビーズリーはあの穏やかな表情から、本村にそれを教えてくれた。残された短い人生の中で、彼にとって本当に貴重な時間の一部を自分のために割いてくれた。優しくいろんな言葉をかけてくれたビーズリーに対する本村の思いは深かった。

潔く命をもって罪を償った男の姿を、きちんと自分の人生の糧《かて》にし、そして人々に伝えていかなければならないと本村は誓った。

第十二章　敗北からの道

二〇〇二年三月十四日、広島高裁での控訴《こうそ》審判《しん》決の日、本村は、いつも胸に抱いていた弥生と夕夏の遺影を持ってこなかった。

理由を聞かれた本村は、こう答えている。

「これまでは、一人で裁判を聞く勇気がなく、妻と娘の力を借りてきました。でも、今日は一人で判決を聞こうと思いました」

だが、たった一人で聞くというその本村の勇気は、報われることなく終わった。

主文は冒頭に告げられた。控訴棄却、すなわち無期懲役である。

本村は、「Fに死刑を下す」という闘いに、またしても敗れ去ったのである。

Fは坊主頭《ぼうず》に灰色のジャンパー、下は青いジャージ姿だった。灰色のサンダルを履いたFは、ひょうひょうとして表情のない、人形のような顔を裁判官席に向けていた。

迂闊《うかつ》に出した手紙のせいで自らを窮地に追い込んでしまったものの、なんとか凌《しの》ぎ切ることができた。本村には、主文朗読の時、Ｆの背中に安堵《あんど》感が一気に広がったように見えた。

だが、朗読された判決理由の中身は、想像以上に厳しかった。

「本件強姦《ごうかん》致死及び殺人の各犯行は、その結果が誠に重大であるところ、犯行の動機に酌量の余地は全くない。すなわち、早く性行為を経験したいとの気持ちを強めていた被告人は、強姦によってでも性行為をしたいと考え、被害者に対し、強姦の目的で暴行を加えた上、被害者から激しく抵抗されると、殺害してまで姦淫《かんいん》し、さらに、殺害された母親の傍らで被害児が泣き続けるのに対し、付近住民が泣き声を聞き付けて上記犯行が発覚することを恐れるとともに、被害児が泣きやまないことに腹を立て、理不尽にも被害児の殺害にまで及んだものであり、その犯行動機は、極めて短絡的かつ自己中心的で卑劣というほかない」

重吉《しげよし》孝一郎裁判長は、時折、Ｆに目をやりながら、朗読をつづける。

「犯行の態様は、冷酷で残虐《ざんぎゃく》なものである。すなわち、被告人は、上記会社の作業服を着用し、排水検査を装《よそお》って原判示の沖田アパート七棟四十一号室の呼び鈴を鳴らし、被害者がこれを信用したのに乗じて室内に入り、被害者の背後から抱き付き、被害者が驚いて悲鳴を上げて手をばたつかせるのに対し、肩をつかんで後ろに引き倒し、仰向けになった被害者の身体《からだ》に馬乗りになった上、激しく抵抗する被害者の首に両手を掛けて、その喉仏《のどぼとけ》を両手の親指で思い切り押さえ付けるようにして首を絞めた」

そして、

「被害者が被告人を振り落とそうとして、更に激しく体を動かし、また、被害児が被害者の顔の辺りに這《は》ってきて、激しく泣き叫んでいるにもかかわらず、何らためらうことなく、全体重をかけて被害者の首を絞め続け、被害者が動かなくなった後は、その口に布テープを貼《は》り付けた上、手首を縛って、姦淫の目的を遂げた。

さらに、被告人は、泣きやまない被害児を床に叩《たた》き付けた上、両手で被害児の首を絞めて殺害しようとしたが、うまくいかなかったので、被害児の首に所携の紐《ひも》を二重に巻き、これを思い切り引っ張って首を絞め、被害児を殺害した。上記一連の犯行においての、被害者及び被害児に対する殺意を生じた後は、被告人には、被害者らに対する憐憫《れんびん》の情やその生命を奪うことに対するためらいといった感情をうかがうことはできず、被告人は、強姦と殺人の強固な犯意のもとに、凶悪な暴力によって、被害者らの生命と尊厳を踏みにじったものであり、残虐な犯行というべきである……」

鬼畜の所業を断罪する文言が、これでもか、と朗読されていく。下を向いたまま聞き入るF。頭を丸め、うなだれると、普段より背中が小さく見えた。

犯行の計画性について、重吉裁判長は、こう結論づけた。

「被告人は、本件当日、自宅で昼食をとって再び外出した後、〝美人の奥さんと無理やりでもセックスをしたい〟などと考え、排水検査を装って、沖田アパートを十棟から七棟にかけて順番に回って女性を物色し、被害者を強姦するに至ったものであり、本件各犯行のうち強姦は、計画的な犯行であると認められる。

これに対し、弁護人は、強姦の点についても計画性はなかったと主張するが、原判決が（量刑の理由）の項において説示する上記計画性を肯定する旨《むね》の判断は、供述の信用性の判断を含めて正当なものとして是認することができ、弁護人の上記主張は失当である」

一方で、殺害の計画性については、

「しかし、被害者らの殺害は、原判決が正当に説示するとおり、事前に計画されたものとは認め難く、殊《こと》に、被害児の関係では、被告人は、付近の住民が被害児の泣き声を聞き付けて、被害者殺害の犯行が発覚することを恐れ、被害者の傍らで泣き叫ぶ被害児を泣きやまそうと抱いてあやしたり、風呂場《ふろば》の風呂桶《おけ》の中に入れたり、押入の上の段に入れたりしたものの、被害児が泣きやまなかったため、激高し、被害児を殺害することを決意してこれを実行したというものであり、被告人の行動は場当たり的であって、被害児の殺害は偶発的なものであることが顕著である。

そして、上記強姦が計画的なものであるからといって、殺害行為を含めた犯行全体が計画的なものであるということはできない。なるほど、本件各犯行は、これを全体としてみれば、一回の機会に犯されたものではあるけれども、このことは、殺害行為を含めた犯行全体が計画的なものであることとは別問題である」

一審につづき、二審も「殺害」についての計画性は認定しなかったのである。そして重吉は、争点となった獄中からのFの手紙について、こう述べた。

「被告人は、遺族に対しては、謝罪の手紙すら一度も書いたことがない上、当審における事実取調べの結果によれば、被告人は、原審での被告人質問が行われた平成十一年十一月から原判決の言渡しや控訴申立ての後にわたって、知人に対し、わいせつな話題や遺族を中傷するかのごとき表現をも含む手紙を書き送っていることが認められ、その記載内容や書き送った時期等から判断すると、被告人は、本件各犯行の重大性や遺族らの心情等を真に理解しているものか疑問を抱かざるを得ない」

しかしながら、と重吉はこうつづけた。

「被告人の上記手紙の内容には、相手から来た手紙のふざけた内容に触発されて、殊更に不謹慎な表現がとられている面もみられるとともに、本件各犯行に対する被告人なりの悔悟の気持ちをつづる文面もあり、これに原審及び当審各公判廷における被告人の供述内容や供述態度等を併せかんがみると、鑑別結果通知書や少年調査票中で指摘されているように、被告人は、自分の犯した罪の深刻さを受け止めきれず、それに向き合いたくない気持ちの方が強く、考えまいとしている時間の方が長いようであるけれども、公判廷で質問をされたという余儀ない場合のみならず、知人に対して手紙を書き送るという任意の場合でも、時折は、悔悟の気持ちを抱いているものと認めるのが相当である。したがって、被告人の反省の情が不十分であることはもとよりいうまでもないが、被告人なりの一応の反省の情が芽生えるに至っていると評価した原判決の判断が誤りとまではいえない……」

焦点となったFの手紙に対して、不十分ながらも反省の情が芽生えていると、重吉は判断したのである。犯行の重大性や遺族らの心情を理解しているのか疑問だが、一部の手紙や法廷での供述態度などから、悔悟の気持ちは抱いていると思える、というのだ。

そして、それをもとに、「被告が更生する可能性がないとは言い難い」とした。

そんなバカな──それは、根拠も何もない、ただFを無期懲役にするために引っ張り出してきた理由としか遺族には思えなかった。

本村は、全身の力が抜けた。

結局、一審と同じだ。個別の事情に目を向けようとしない、先に結論ありきの判決であることに、なんの変わりもなかった。

あのFの手紙を読んで、悔悟の気持ちを抱いているなどと思う人がいるはずがない。捜査当局の執念も、司法の「相場主義」の前では無力だった。本村は無性に虚《むな》しかった。

「この少年は、まったく反省もしていないが、日本の法体系や価値観からいえば、死刑にはできない。だから無期懲役にする」

そう言われるなら、納得はできないが、少なくとも筋は通っている。どうせならそう言って欲しかった。

しかし、最初からの結論である無期懲役に持っていくために、どうしても裁判官は、Fが「反省している」「悔悟の念を抱いている」としなければならなかった。そこが本村には許せなかった。

裁判官の責務とは

最初から結論が決まっているのなら、審理など必要がない。いや、そもそも裁判官なんて必要ないではないか、と本村は思った。

なにも人が裁判官をやる必要などなく、コンピューターにやらせればいい。その方が誤差も少なくなり、確実に判例や相場に基づいた判決が下せるはずである。

日本の司法では、少年がどんなにひどい殺し方をしても、被害者が「二人」では死刑にならないという。どんな証拠を出しても、「相場主義」には勝てないのである。

本村は、日本の司法が〝法の下の平等〟や〝裁判官の独立〟という大原則を、まったく捨て去っている、と思った。職業裁判官の世界やルールにとらわれるあまり、人間個人としての良識の上に各々《おのおの》の裁判官が立っていないのではないか、と思ったのだ。

裁判官にも、立派な識見を持ち、すぐれた人間性の人はたくさんいるに違いない。しかし、あの黒い法衣をまとった瞬間から、真実を解明し、罪を裁くという本来の使命ではなく、裁判官として、エリートとして生き抜くことが、最大の目的になり、個々の事例を詳細に検討し、新たな判断を下す勇気を失ってしまったのではないか、と思った。

裁判官には、刑罰権は裁判所しか持っていないことを思い出して欲しい。検察には、捜査権や逮捕権はあっても、刑罰権はない。遺族も同じだ。本来はあってしかるべき刑罰権が、遺族にも与えられていない。

それを行使できるのは、裁判官だけである。その責務をきちんと果して欲しい。本村は、裁判官にそのことを言いたかった。

四十分近い判決文の朗読が終わり、閉廷した時、記者たちは、不思議な光景を見た。Fや弁護人、検察官たちが法廷から出ていったのに、重吉裁判長は、なぜか退廷しなかったのである。

すすり泣く弥生の母・由利子のかたわらにいた本村は、ふと重吉裁判長の視線に気づいた。重吉は、本村をじっと見ていたのである。

二人は、閉廷後の法廷で目を合わせた。

本村は、立ち上がった。そして、重吉に向かって深々と頭を下げた。重吉も本村に頭を下げた。重吉は、一礼し終わると、やっと満足したように立ち上がった。そして、法廷から出ていった。

それは、裁判を長く取材してきた記者たちも見たことのないシーンだった。たった一人の傍聴人に頭を下げるために、裁判長がずっと待っていた。

ありえない光景だった。

記者たちも、そして本村本人も、重吉のその姿に裁判官というものの苦渋を見た気がした。重吉の目が、遺族に対して、この不本意な判決をわびているように思えたのだ。

最高裁が動かなければ、どうしようもない。罪刑の均衡の面からも、いわゆる「永山基準」と言われる死刑適用の基準の面からも、自分には、どうしようもない。重吉の目がそう訴えているように見えた。司法記者たちは、そう話し合った。

裁判官は正義の価値を示せ

広島弁護士会館での記者会見に臨んだ本村は、二年前の一審判決の時とは、雰囲気がまるで変わっていた。

時折、涙こそ浮かべるものの、あの激しい怒りの言葉はついに出てこなかったのである。記者たちから、閉廷後の重吉裁判長とのシーンを聞かれた本村はこう答えた。

「裁判官も人間です。われわれ遺族の気持ちを十分わかった上で、あの判決を出されたのだと思います。おそらく何日も何日も悩まれたんだろうと思います。判決には納得していませんが、裁判官の方たちには不満はありません」

間もなく二十六歳になる本村は、そう落ち着いて語った。弥生と夕夏にどういう報告をするのか、と聞かれると、さすがに、

「結局、私は家族を守ることもできず、自分の手で仇《かたき》を討つこともできなかった。そして司法にその気持ちを受け入れてもらうこともできなかった。私は、なんと無力な人間だと感じています」

と、涙声となった。そして、こうきっぱりと語った。

「妻と娘の命は、この判決のように軽いものではありません。被害者にとっては、加害者が成人であるか少年であるかは関係ないんです。被告は、やはり少年法に守られました。少年法、あるいは古い判例に裁判所がいつまでもしがみついているのはおかしい。時代に合った新しい価値基準を取り入れていくのが司法の役割だと私は思います」

日本の国の価値基準を決めるのは司法である。その司法の中で、重要な役割を負っている裁判官たちが、出世であったり、保身であったり、とても狭い世界の中で、自分の思いを達成しようとしているとしたら、これほど空《むな》しいことはない。

正義とは何か、日本の正義の価値基準とは何か。そういう大原則に、裁判官は立ち向かって欲しい。そして、法が国民のためにあるという根本を、裁判官は思い出して欲しい。

それが本村の思いだった。

だからこそ、これが真実である、これが正義であると思う結論を、裁判官には出して欲しかったのである。

日本の法律というのは、量刑の範囲が広い。人を殺しても、懲役五年から死刑まで選択できる。つまり、裁判官は、それだけ大きい権力を与えられているのである。だからこそ真実を解明して、社会正義に添った判決を下して欲しいし、裁判官にはそれを下す勇気を持って欲しかった。本村は、新たな加害者も新たな被害者も出さない理想社会への第一歩は、この裁判官の勇気からこそ始まると信じている。

裁判所は社会に対して、こういうことをすればこうなるんだ、という〝正義の価値〟を示して欲しかった。裁判所はそういう基準を示すことができる唯一《ゆいいつ》の場所なのだ。

本村の思いは見事に裏切られた。

本村がその希望を託す舞台は、最高裁だけとなった。

小泉総理が出したゴーサイン

本村の熱心な活動にますます拍車がかかった。

闘いは、法廷の中だけではない。いや、むしろ法廷の中では、自分はあまりに無力だった。本村は、法廷の外で、でき得ることすべてをおこなっていった。

犯罪被害者の気持ちを生で語って欲しい、という声がかかれば、仕事の都合がつく限り、全国のどんな場所にでも本村は足を運んだ。

最初は小さな集会が多かったが、それでも熱心に訴えた。被害者の無念の思いに心を寄せてくれる人がひとりでも生まれれば、それでよかった。それが、弥生と夕夏のため、と本村は信じていた。

次第に本村の話を聞きたいという人が増え、やがて講演会にも多くの人が詰めかけるようになっていった。シンポジウムにも積極的に参加した。

幹事を務める全国犯罪被害者の会（あすの会）の署名運動も積極的におこなった。

本村が、大声で署名への協力を求めると、道行く人が足を止めてくれた。

「あの人、奥さんと子供を殺された人でしょ？」

そんな囁《ささや》きが聞こえてくることもあった。自分を好奇の目に晒《さら》しても、その活動はつづいた。

二〇〇三年七月八日。全国犯罪被害者の会を代表して、岡村勲代表、林良平幹事、宮園誠也幹事三名と共に、本村は、首相官邸で小泉純一郎総理と面会した。

前年の四月にできたばかりの地上五階、地下一階の新官邸である。

この時、全国犯罪被害者の会が犯罪被害者の権利を訴えて全国で展開した署名運動によって、三十九万六十三人もの署名が集まっていた。

その数は、加害者ばかりに向いていた日本の刑事司法のあり方に対する国民の怒りを表していた。政府もその声を無視できなくなっていたのである。

小泉は、四人の被害者から直接、それぞれが置かれている立場を聞いた。自民党司法制度調査会会長の保岡興治《やすおかおきはる》代議士と杉浦正健《せいけん》代議士が同席した。

「あなたはどういうことがあったの？」

「いやあ、大変だったねえ」

ざっくばらんないつもの調子で、小泉は、一人一人の話を「うんうん」と頷《うなず》きながら聞いていた。一人が五分ほどの簡単な説明に過ぎない。本村は、それでも小泉にできるだけのことを訴えようと思った。

「最初は、傍聴席にも遺族は満足に入れなくて、意見も言えませんでした。いろいろ悔しい思いをしました。刑事司法制度がもっと被害者寄りに変わらなければいけないと思っています」

小泉も光市母子殺害事件のことは知っている。家族を惨殺《ざんさつ》された哀《かな》しみのどん底から這《は》い上がってきたこの青年の話に小泉は熱心に耳を傾けた。

「もっと被害者が裁判に参加して自分の意見を言ったり、公《おおやけ》の場で気持ちを打ち明ける場を作らないといけないと思います」

本村はそう訴えた。小泉はいちいち横にいた弁護士出身の保岡に、

「保岡君、そうなの？」

と聞いていた。保岡が「はい」と答えると、

「だめ！ こりゃいかん！ 今すぐやろう！」

「今すぐチーム立ち上げて。今すぐだ！」

と答えた。四人の話に小泉はすぐ反応した。

「その通りだ！ そうじゃなかったのか？ 日本は」

小泉は、最も手を差し伸べなければならない犯罪被害者が蔑《ないがし》ろにされ、加害者だけ手厚く遇される現状を初めて知ったようだった。

それからは早かった。

強力なトップダウン方式の政治の凄《すご》さを本村は目《ま》のあたりにした。犯罪被害者を保護、救済するための「犯罪被害者等基本法」が議員立法として成立したのは、翌二〇〇四年十二月のことである。さらにその翌年には、「犯罪被害者等基本計画」が策定されるなど、犯罪被害者法制の見直しは、猛然たる勢いで進んだ。

保岡、そして、自民党の司法制度調査会の中にできた「犯罪被害者問題に関するプロジェクトチーム」の座長となった上川陽子《かみかわようこ》代議士が熱心に活動をおこなった。

それは、硬直化し、自ら改革をすることのできない司法の世界をあざ笑うかのようなスピードだった。

日弁連の反対をものともしない、法務省も一体となってのパワーに、本村は、被害者遺族には何の権利も、理解もなかった頃の山口地裁でのシーンが脳裏に浮かんだ。

裁判所の職員が、被害者である弥生と夕夏の遺影が入ることさえ手を広げて阻止したのは、わずか五年前のことである。遺影、すなわち「被害者の入廷」をそうまでして禁じながら、裁判官はそのことについて説明さえしなくてもよかったのである。

恐ろしいまでの裁判官の傲慢《ごうまん》さが、国民から「ノー」を突きつけられてきた、と本村は思った。

世の中に背を向け、自分たちだけの世界に閉じこもっていればよかった司法の世界が、犯罪被害者たちの血を吐くような叫びによって、徐々に変わらざるを得なくなってきたことを、本村は肌で感じていた。

第十三章 現れた新しい敵

それは、突然の知らせだった。

二〇〇五年十一月末、一本の電話が本村の携帯電話にかかってきた。広島高裁の控《こう》訴《そ》審《しん》判決から、三年八カ月が経過していた。

「最高裁が弁論を開くことになったようです。検察の上告を認めて、死刑の公算が高くなります。コメントをいただけますか」

読売新聞記者からの電話だった。事件の時に二十三歳だった本村も、もう二十九歳となっていた。三十の大台を迎えるのも間もなくである。

「弁論が開かれるのは、来年春頃になると思います」

記者は確信を持ったように、そうつけ加えた。最高裁が弁論を開く――。

本村にさまざまな思いがこみ上げてきた。あまりに突然の報だったので、虚をつかれた、といった方が正確かもしれない。

待ちに待った知らせである。

だが、それだけに糠喜《ぬかよろこ》びはできない。マスコミからそうだと言われて、そのまま鵜《う》呑《の》みにするわけにはいかなかった。本村にとって、それは命をかけた闘いだからである。

「まだ正式に連絡も来ていないし、コメントはちょっと……」

本村は口を濁した。しかし、記者も、「それが本当なら」という前提でいいからコメントをくれ、と粘った。

「弁論を開くという意向を、最高裁がもし本当に持たれているなら、遺族としては、歓迎すべきことです。自分たちが求めてきた判決が下される可能性が出てきたことになりますから。期待しております」

本村はそんな話をしながら、これが本当なのか、まだ半信半疑だった。最高裁に検察が上告して一年が経過した時、最高裁があっさり棄却しなかったことで期待を抱くようになったのは事実だった。最高裁への上告では、ある日突然、上告棄却の知らせがくるのが通例である。

上告棄却の通知は一年以内に来るものだと聞いた。しかし、一年半になり、二年になっても、その通知は来なかった。

ひょっとしたら、弁論が開かれるかもしれない。そんな期待を持ちつづけていた。三年を経過した時、本村は、これは最高裁が弁論を開いてくれる可能性の方が高いのではないか、と思うようになっていた。

記者の話を聞きながら、本村はこれが事実であって欲しい、と願った。

三十分後、正式連絡が来た。今度は、検察からだった。

最高裁が弁論を開く——そのことが正式に告げられた。最高裁が、ついに被害者の声に耳を傾けてくれたのである。事件から六年が経《た》ち、やっと新たな展開が見えてきたのだ。

長かった。本当に長かった。

「弥生、夕夏。最高裁が審理を開いてくれることになったよ。よかったね」

パパの顔に戻った本村は、心の中でそう呟《つぶや》いた。このことを二人に報告できることが誇らしかった。

弥生と夕夏が亡《な》くなってすでに六年七カ月もの年月が経過していた。いつの間にか、青年の頭には、事件当時は一本もなかった白髪が何本も見えるようになっていた。

それは、長い間待ち望んだ吉報だった。

最高裁は弁論期日を翌年三月十四日に指定した。

愚弄《ぐろう》された最高裁

日本の法曹史上、信じられない出来事が起こるのは、その二〇〇六年三月十四日のことだった。

この朝、本村たち遺族は東京駅で待ち合わせていた。福岡県の小倉から本村の両親、岡山県の倉敷からは弥生の母、由利子たちが早朝の新幹線に乗って上京した。最高裁第三小法廷で開かれる上告審弁論に出席するためである。遺族にとって、この日の法廷は大きな意味を持っていた。

妻と娘の無念を訴え、「被害者の声を司法に」と運動しつづけた本村が、最高裁の重い扉をこじ開けたことは、誰よりも遺族たちが知っている。

妻と娘への愛をどこまでも貫く本村が揺り動かした最高裁判所で、最高裁判事の真実の声をこの耳で聞かなければならなかった。そして、ひと言、お疲れさん、よく頑張ったね、と本村に声をかけてあげたかった。

だが、その法廷は異様なものとなった。

弁護人が法廷を欠席したのだ。

日本の司法の最高の権威である最高裁法廷を欠席したのは、第二東京弁護士会所属の安田好弘《よしひろ》と、広島弁護士会所属の足立《あだち》修一である。

安田はオウム真理教事件で麻原彰晃（本名・松本智津夫）の一審の主任弁護人を務めた〝死刑反対派〟弁護士である。過去にも、一九八〇年の新宿駅西口バス放火事件、同年の山梨幼児誘拐殺人事件で被告人の死刑を回避した実績を持つ。

麻原裁判の最中、九八年には、強制執行妨害容疑で逮捕されるが、自ら明らかにした証拠をもとに激しく抗戦。一審で無罪判決を受けた（二審は逆転有罪）。説得力のある語り口と、徹底した資料分析に定評がある。

広島市内で開業する足立も、死刑反対派の弁護士として数々の刑事事件で被告人の弁護を引き受けてきた。この約一年後に光市母子殺害事件の差し戻し控訴審が始まると、足立を慕う同様の志を持つ広島市内の弁護士たちが弁護団に加わることになる。

二人がFと初めて面会したのは、わずか二週間前の二月二十七日だった。広島拘置所を一、二審の弁護人と共に訪れたのである。

二人は、ここでFの衝撃の言葉を聞いた、という。

「強姦《ごうかん》するつもりはなかった」

そう語ったFが、次の接見でも、

「（ふたりを）殺すつもりはなかった」

と、二人に告げたという。Ｆのこの言葉に、安田と足立は「覚悟を決めた」のである。

弁論が開かれる一週間前の三月七日、安田と足立は、その弁論期日を六月十三日まで、「三カ月延期」することを申請している。

「準備期間が必要な上、十四日は日弁連で研修用模擬裁判のリハーサルがあり、出廷できない」

そんな言い訳だった。しかし、翌八日、最高裁は、両弁護人の延期申請を却下。それに対して、弁論前日の三月十三日、安田と足立は、弁論の欠席届を最高裁に提出した。

だが、第三小法廷の傍聴席の両サイドにある報道席に陣取る記者たちも、まさか本当に弁護人が欠席するとは思っていなかった。

欠席と言いながら、最後には出廷するだろう――それが記者たちの見方だった。

しかし、安田も足立も、法廷には姿を現さなかった。

本村は、憮然《ぶぜん》とした濱田《はまだ》邦夫《くにお》裁判長の顔を見た。記者たちも濱田の怒りを見てとった。

前代未聞《みもん》の事態である。

司法の最高峰・最高裁判所の法廷に弁護人が欠席して、法廷が開けないというのだ。ここまで最高裁が愚弄された例は、もちろん過去にない。

遺族、マスコミ、傍聴人がこの事態をそれぞれの思いで見詰めていた。

「弁護人が裁判を遅らせる目的であることは明らかである。結審を求めます」

検察は、濱田にそう求めた。だが、殺人など法定刑が一定以上の罪について、刑事訴訟法は弁護人不在のまま開廷できないことを規定している。検察は、その規定の例外として、検察側だけの弁論をおこなって結審すべきだと求めたのである。

濱田は他の裁判官との合議のために一度、法廷を出た。合議を終えて再び戻ってきた濱田は、検察の要求こそ認めなかったものの、異例の見解を表明する。

「弁護人は出頭すべき職責を負っているにもかかわらず、正当な理由に基づかず出頭しなかったと認めざるを得ず、極めて遺憾《いかん》と考える」

静まりかえった第三小法廷に濱田の声が響いた。

濱田は、この五月一杯で最高裁判事の退任が決まっていた。弁論を六月まで延ばせば、この事案は濱田の後任が担当になる。濱田が退任すれば、新たな合議が始まる。弁護人の意図は透けて見えていた。

本村は、両弁護人と、会ったことがある。

一カ月以上前の二月四日、足立は、その後、Fの弁護人になることをおくびにも出さず、死刑廃止のシンポジウムにパネラーとして出席するよう本村に要請してきた。

「被害者支援と死刑問題」というテーマで、シンポジウムを行うから協力してほしい、という要請だった。一度は断った本村に対し、足立は、

「我々が偏《かたよ》ったことをしてしまうのも困るので……」

と、どうしても譲らなかった。仕方なく、被害者とはどんな思いを持ち、日々何を考えているのか、本村はパネラーとして出て、話をすることになったのである。

しかし、参加した本村は、それが彼らにとって、単に自分たちがやっていることに対する〝免罪符〟に過ぎないことを感じた。懸命に話した本村には、徒労感だけが残るシンポジウムだった。死刑廃止という自分たちの目的を遂げるために、彼らは〝被害者支援〟を掲げて、隠《かく》れ蓑《みの》にしているだけだとしか思えなかったのである。

ここで本村は、初めて安田と足立に会っている。二人は、この三週間後、Fの弁護人に就任した。

すべては計画的だった。少なくとも本村にはそう思えた。

結局、小倉と倉敷から上京してきた両親たちは、最高裁の弁論を見ることができな

いまま、帰路についた。

「今まで裁判を七年間にわたって傍聴してきましたが、これほどの屈辱を受けたのは今回が初めてです」

霞《かすみ》が関《せき》の司法記者クラブに場所を移しての会見で、本村は怒りを隠さなかった。

「弁護士は、法廷で弁論をおこなうことが職務のはずです。模擬裁判のリハーサルで最高裁の法廷に出席できないような弁護士はいらない。弁論の期日は、前からわかっていたはずなのに準備不足というのは、遺族を侮辱する以外のなにものでもない」

発言の途中にも怒りがこみ上げてきた本村は、何度も溜息《ためいき》をつき、そのたびに語気を強めた。

本村は、この翌日に安田、足立の両弁護士が所属する弁護士会へ懲戒請求を申し立てている。裁判欠席騒動で、社会の批判は、安田、足立の個人へ向けられたが、問題の本質はそこではないと感じたからだ。

彼らが裁判を欠席したのは、このような行為をもってしても弁護士資格は剝奪《はくだつ》されないという安心感があるからであり、弁護士資格を与えている弁護士会がこれを正当化し、容認する限り、この手の横暴が繰り返されることは火を見るより明らかだった。

本村は、安田、足立個人の責任を問うというより、「被告人の利益のためには、どんなことをしてもいい」という弁護士会への痛烈なアンチテーゼを提示したかったのである。

だが、結局、この懲戒請求は退けられ、弁護士会の意識革命が起こることはなかった。

明らかになった「新主張」

二〇〇六年四月十七日。異例の出頭在廷命令を出されて翌日の最高裁弁論に臨まざるを得なくなった二人の弁護人は、この日、霞が関の司法記者クラブで、驚くべき記者会見をおこなった。

三十坪に満たない狭い会見場に、報道各社の記者、カメラマンが集まり、会場は熱気に包まれていた。

そこで両弁護人が披露した〝事件の真相〟は、その後、日本国中を驚愕《きょうがく》させる第一声だった。これまで一度も主張したことのない「新事実」を彼らは語り始めたのだ。

「これはFに殺意はなく、弥生の口を塞《ふさ》ごうとしたら、たまたま喉《のど》に手が入って死んでしまった傷害致死事件である。また夕夏に対しても、これをあやそうとしてヒモを蝶々《ちょうちょう》結びにしたら死んでしまったのであり、これも殺人ではなく傷害致死であり、共に殺意は存在しなかった」

安田は自信満々にそう語っていった。およそ一時間にわたるパフォーマンスだった。途中、安田は、実際に逆手で足立の喉に手をあて、彼らが主張するその時の状況を再現した。

「検察官は、両手の親指で指先が真っ白になって食い込むまで強く押さえつけたと主張していますが、被害者の喉仏のあたりには、小さな皮下出血と表皮剝脱《はくだつ》が一つずつしかない。親指によって強く圧迫されたことによる表皮剝脱及び皮下出血は一切存在していないんです。

その上、喉仏ではなく、首に指で圧迫された痕《あと》が存在しており、その長さと位置関係から（被害者を絞めたのは）、右手の逆手であることは明らかです……」

自信にあふれた安田の説明に記者たちは聞き入った。それだけではない。安田は、こうも語った。

「私たち弁護人は、被告人との第一回目の接見の時に、〝強姦する目的で抱きついたのではない。寂しくて、つい家の中に入れてもらって、優しくしてもらいたいという甘えの気持ちから、抱きついてしまった〟ということを告げられました。

そして次には、〃(弥生に)抵抗されて、パニック状態に陥り、もうその後は無我夢中で、何が何だかわからないまま結局、二人を死に至らしめ、また(弥生を)姦淫《かんいん》してしまったのです〃と訴えられた。

それ以来、私たちが、彼がほとんど持っていなかった刑事記録を差し入れ、被告人と一緒になって一つ一つの記憶をたどり、他の証拠と突き合わせをしていくとともに、元東京都監察医務院院長の上野正彦《まさひこ》博士に意見を聞くという作業をやってきたのです」

安田の根拠は、残された弥生の遺体写真である。被害者の遺体は比較的きれいで、首についた痕がどうしても検察側の立証結果と合致しない。そして、暴行を受けたのはコタツやストーブがあった場所なのに、手足に打撲痕《こん》さえないのである。暴れて抵抗したというのも事実と違うのではないか。そもそも被告人が被害者に馬乗りになるという行為自体がなかったのではないか。

安田はそう考えたというのである。

「事件の真相は、被害者が声を上げるのを押さえ込もうとして下顎《かがく》部を右手の逆手で押さえ込んだものの、その手が頸部《けいぶ》にずれてそのまま頸部圧迫となり、その結果として、被害者を窒息死に至らしめたものです。つまり、被告人は、大声を出されるのを止めようとしただけであって、およそ殺害する目的はなかったわけです」

淡々と、安田は説明をつづけた。

「被告人は、記録を読んで、現在、記憶を喚起しています。彼が新たに思い出したところによると、座椅子《ざいす》に座ってテレビを見ていた被害者の背後から、そっと抱きついた際、抵抗にあって一緒に後方に仰向けになり、そのまま左腕を背後から首付近に巻きつけてスリーパーホールド（プロレスの技の一つで、背後から一方の腕を相手の顎《あご》に回し、もう一方の腕とで首の頸動脈を締めるもの）のような形で押さえつけたところ、被害者は、いったん失神したというのです。

これは大変なことになったと、呆然《ぼうぜん》としていたところ、気がついた被害者に背後から光るもので腰のあたりを不意に殴られた。それでびっくりして被害者に覆《おお》いかぶさり、そのまま、押さえつけたというのです」

光るものを持った弥生がFに襲いかかる様子のイラストまで掲げて安田が説明を始めた時、さすがに居並ぶ記者たちに、戸惑いが広がった。

これは殺人事件ではない。だから無期懲役でも重すぎる、二人は「たまたま死んだ」のだから、これは傷害致死事件である。安田はそう主張したのである。

一時間にわたった会見は、記者たちを驚かせた。弥生が襲いかかってきたので、それで押さえつけた——あたかもその行為が正当防衛であったともとれる主張である。

これまで数々の刑事裁判で名を馳《は》せてきた安田のことだ。記者たちも、果たしてどんな主張をしてくるのか注目していたが、その奇抜さは彼らの予想をはるかに超えたものだった。

たしかに最高裁が弁論を開いたのだから、普通の戦い方では「死刑」を回避できないのは、衆目の一致するところである。しかし、情状に訴えるのではなく、ここまで〝新事実〟を披露するとは、誰も予想していなかった。

安田の狙《ねら》いは、死刑を回避するだけでなく有期刑まで持っていくことだ、と司法記者たちは感じていた。そのためには、被害者「二人」の死因をいずれも「傷害致死」に持っていくしか方法はない。

「仮に差し戻し控訴審《こうそしん》で死刑判決を受けても、明白な事実誤認ということを徹底的に主張して、再審請求することまで視野に入れているのだろう。どんなことをしても死刑執行を阻止してみせる、という彼らしい考えだ」

記者たちは、そう話し合った。翌日、最高裁の弁論は開かれ、前日の記者会見通り、安田、足立両弁護人は、こう主張した。

「殺人及び強姦は成立しない」

「少年が寂しさのあまり被害者にやさしくしてもらいたいと思って、そっと抱きついたことがきっかけであって、強姦の意思はなかった」
「驚愕のあまり誤って被害者を死亡させたものであって、殺意はなく、被害児に対しても、床に叩《たた》きつけたり、首を絞めたりしたことはなく、泣き止《や》ませようとして首に紐《ひも》をゆるく巻いて蝶々結びをしたものであって殺意はなく、いずれも傷害致死にとどまる」
一、二審では全く言及されたこともないこの主張を初めてわが耳で聞いた本村は、言葉を失った。
弁論はこの日一回で終結。判決は六月二十日に決まった。

第十四章　熾《し》烈《れつ》な攻防

「主文。原判決を破棄する。本件を広島高等裁判所に差し戻す」

二〇〇六年六月二十日火曜日、午後三時。静まりかえった最高裁判所第三小法廷で、退官した濱田邦夫裁判長に代わって、上田豊三《とよぞう》裁判官が判決主文を読み上げた。

第三小法廷の最前列傍聴席に陣取っていた本村には、万感の思いが込み上げた。それは、本村にとって三度目の判決である。

Fに死刑判決を――と、叫びつづけた本村についに最高裁が応《こた》えたのである。

本村は、じっと目を閉じた。さまざまな思いが交錯して、言葉が浮かばなかった。

判決の中身は、痛烈なものだった。

「白昼、ごく普通の家庭の母子が自らには何の責められるべき点もないのに自宅で惨《ざん》殺《さつ》された事件として社会に大きな衝撃を与えた点も軽視できない。被告人の罪責は誠に重大であって、特に酌量すべき事情がない限り、死刑の選択をするほかないものといわざるを得ない」

「被告人は、強姦《ごうかん》という凶悪事犯を計画し、その実行に際し、反抗抑圧の手段ないし犯行発覚防止のために被害者らの殺害を決意して次々と実行し、それぞれ所期の目的も達しているのであり、各殺害が偶発的なものといえないことはもとより、冷徹にこれを利用したものであることが明らかである。してみると、本件において殺害についての計画性がないことは、死刑回避を相当とするような特に有利に酌《く》むべき事情と評価するには足りないものというべきである」

これまで、不十分ではあるものの評価されてきたFの反省・謝罪の態度についても、こう断じた。

「被告人は、捜査のごく初期を除き、基本的に犯罪事実を認めているものの、少年審判段階を含む原判決までの言動、態度等を見る限り、本件の罪の深刻さと向き合って内省を深め得ていると認めることは困難であり、被告人の反省の程度は、原判決も不十分であると評しているところである」

「原判決は、量刑に当たって考慮すべき事実の評価を誤った結果、死刑の選択を回避するに足りる特に酌量すべき事情の存否について審理を尽くすことなく、被告人を無期懲役に処した第一審判決の量刑を是認したものであって、その刑の量定は甚だしく不当であり、これを破棄しなければ著しく正義に反するものと認められる」

「本件において死刑の選択を回避するに足りる特に酌量すべき事情があるかどうかにつき更に慎重な審理を尽くさせるため、同法四百十三条本文により本件を原裁判所に差し戻すこととし、裁判官全員一致の意見で、主文のとおり判決する」

破棄しなければ著しく正義に反する――それは、本村が待ちに待った言葉だった。やっと辿《たど》りついた最高裁判決。この日のために頑張ってきた本村に大きな希望を与えるものとなった。

なかでも注目されるのは、

「（Fの）犯罪的傾向には軽視することができないものがある」

と、強姦目的ではなかったとする弁護団の主張を切り捨て、あわせて、安田、足立を痛烈に批判した点である。

「弁護人安田好弘、同足立修一は、当審弁論及びこれを補充する書面において、原判決が維持した第一審判決が認定する各殺人、強姦致死の事実について、重大な事実誤認がある旨《むね》を指摘する。しかし、その指摘は、他の動かし難い証拠との整合性を無視したもので失当であり、本件記録によれば、弁護人らが言及する資料等を踏まえて検討しても、上記各犯罪事実は、各犯行の動機、犯意の生じた時期、態様等も含め、第

一、二審判決の認定、説示するとおり揺るぎなく認めることができるのであり、指摘のような事実誤認等の違法は認められない」

安田、足立の〝新事実〟は一蹴《いっしゅう》された。弁護側の新戦略は、敗北を喫したのだ。

だが、その年の十月、全国から集まった二十一名の弁護士によって、差し戻し控訴《こうそ》審《しん》弁護団（光市事件弁護団）が結成された。

彼らは、翌年五月に始まった広島高裁での差し戻し控訴審で、最高裁での主張をさらに〝進化〟させてきたのである。

五年二カ月ぶりに現れたF

二〇〇七年五月二十四日午後一時半。差し戻し控訴審の初公判は、広島高裁三〇二号法廷で始まった。

本村にとって、前回の控訴審以来、五年二カ月ぶりの広島高裁だった。本村がFを見るのはそれ以来のことだった。

マスコミの法廷撮影が終了して二、三分経《た》ってからである。Fは、中廊下を通って、法廷右側の出入口から黒手錠をされ、腰縄を廷吏に引かれて入って来た。遺影を持って傍聴席三列目に座っている本村が視野に入っているはずなのに、Fは視線を合わせようとはしなかった。

二人の青年は、本村が三十一歳、Fは二十六歳となっていた。五年余の時を経て、二人はまた相まみえたのである。猫背でサンダルを履いてペタペタと歩くFの様子こそ以前通りだが、体形がまったく変わっていたことに本村は驚いた。

Fは、この間に、ふたまわりは大きくなっていた。襟つきのチェックのシャツを白っぽい綿パンの上に出し、髪は長くオールバック。整髪料のせいかテカテカとして脂《あぶら》ぎった感じの恰幅《かっぷく》のいい青年となっていた。

時の経過とは恐ろしいものである。もはや、誰も彼を「少年」とは呼ぶまい。

しかし、悲愴《ひそう》感などまるでなく、人定《じんてい》質問で住所を聞かれたFは、現住所を答えることができず、沈黙が流れた。広島拘置所の住所を教えられ、それに答えるまでに何秒もかかった。

注目されたのは、弁護団の主張である。およそ三十分の検察の意見書朗読の後、午後二時過ぎから、弁護側の意見書朗読が始まった。

安田を筆頭に、ずらりと並んだ弁護士が次々と立って、主張を展開していった。

「この事件は、強姦殺人ではなく、失った母への人恋しさに起因した事件であって、傷害致死罪にとどまるものである。ドアを開けて招き入れてくれた弥生さんを、亡《な》くなった母親ととらえて、抱きついた瞬間、激しく抵抗されるという予想外の出来事が起こった」

「母親が自分を拒絶するはずがないと必死になって押しとどめたら、弥生さんが気絶してしまった。その後で、目を覚ました弥生さんが殴りかかってきたので、母親が弥生さんという別の人格に変身するのを阻止しようと、弥生さんの口元付近を懸命に押さえたら静かになってしまった……」

「被告人は、母親が死亡した時、中学一年生だったため、目の前に横たわる母親の遺体を前に何も出来なかった。しかし、事件当時、十八歳となっていた被告人は、死亡した母親である弥生さんを姦淫《かんいん》して、死者に生をつぎ込んで死者を復活させる儀式を行った」

「被告人は、小さい時、父親の凄《すさ》まじい暴力を受けた。母親はすべてを受け入れてくれた生き甲斐《がい》だったが、その母の死によって、被告人の精神状態は、母親が亡くなった十二歳のまま止まってしまった。だから、他者にもたらした苦痛への認識を持つ能力がないのである。反省が十分ではないという批判はあたらない」

「母親の死を前にして泣いている夕夏ちゃんは、自分の弟だった。兄として、弟を慰めようとしたが、泣き声が収まらず、兄としてのせめてもの償いの印として、紐《ひも》を夕夏ちゃんの首に巻いて蝶々《ちょうちょう》結びをしたら死んでしまった……」

……等々、事件は、被告人の母親恋しの精神的な未発達が引き起こした「偶発的なもの」であって、強姦でもなく殺人でもなく「傷害致死」であるというのだ。

昨年、安田と足立が行った最高裁での主張はすでに退けられている。本村は、新弁護団が、どんな新たな論を展開してくるのか注目していた。しかし、最高裁でおこなった主張をさらに進化させ、彼らは一種の開き直りともとれる荒唐無稽《こうとうむけい》なストーリーを披露したのである。

本村には、それは詭弁《きべん》としか思えなかった。驚き、呆《あき》れ、怒りを通り越した感情が湧《わ》いてきた。しかし、その弁護団の主張を「よし」としたのは、Fである。彼が、反省など全くしていないことが、本村にははっきりわかった。

ヤマ場は、早くも六月の集中審理で現れた。六月二十六日、二十七日の両日、被告人質問に立ったFは、弁護人に答えて驚くべき証言をおこなった。

――作業が終わったと告げたら、弥生さんは何と言ったのか。

F「ご苦労さま、というようなことを言ってくれました」

——そう言われてどう思いましたか。

F「甘えたいなという気持ちを持ちました。大変申し訳ないのですが、頭を撫《な》でてもらいたい気持ちでした」

——それでどういう行動をとったのか。

F「弥生さんの後ろに回って抱きつきました」

——性的な期待はなかったのか。

F「していないです」

——弥生さんはどう反応したか。

F「抵抗するとは思っていなかったのに、立ち上がろうとしたんです。お母さんに嫌われたような感覚になりました」

——〝お母さん〟とはどういう意味なの？

F「中一の時に亡くなった実母です」

——それで、どうなったの？

F「弥生さんのお尻《しり》が、私の頭にあたって、一緒にあおむけに倒れてしまいました。手足をばたばたさせていたのを押さえようとしたら、無意識の内に（プロレスの技の）スリーパーホールドの形になりました」

席から立ち上がり、Fは、身ぶりも交えながらそれを弁護人に説明する。傍聴席の遺族からは溜息《ためいき》が漏れた。

――意識的ですか。

F「意識的ではないです」

――弥生さんはどうなったか。

F「無我夢中でいたら、動かなくなりました。〝なんてことをしてしまったんだろう〟と茫然《ぼうぜん》としました」

――その後で覚えていることは？

F「背中に強い痛みを感じて振り返った。弥生さんが何か光るものを振り上げていたわけです。振り払おうとして、弥生さんを下にして倒れました」

――どう思ったのか？

F「弥生さんにお母さんのイメージを抱いていたので、信じられない思いになりました」

――それからどうしたのか。

F「弥生さんを押さえつけていたら、徐々に力がなくなって動かなくなるのがわかりました。でも、さっきは気絶していた弥生さんから反撃されたので、押さえ続けていました」
――それで、どうなったのか。
F「気がついたら、弥生さんの喉《のど》を僕の右手が押さえていました。驚きました」
――姦淫しようとは思わなかったか。
F「まったく思いませんでした」
――その後は？
F「ガムテープを取りにいきました。お母さんが変貌《へんぼう》するのを止めるため、手を縛ろうと思いました」
――〝変貌〟とはどういうことか。
F「お母さんに何かがとりつくような感じです。お母さんは暴力をふるわないし、抱きとめてくれる存在なのに」
――それからどうしたのか。
F「両手をガムテープでぐるぐる巻きにしています。口にもガムテープを貼《は》っています」

――その後、どうしたのか。

F「スプレーを右手に持ち、顔の前で噴霧するそぶりをしたり、カッターナイフを顔の前でちらつかせたりしました」

――なぜそんなことをしたのか。

F「反応を示してもらいたかった。カッターナイフを持ったまま、弥生さんの上着を胸の下付近までずり上げた。上着とはセーターと、その下の肌着のことです」

――どうしてそんなことをしたのか。

F「恥ずかしいと身動きをするのではと思って、たくし上げました」

――この時点で弥生さんが亡くなっているとは思っていなかったのか。

F「死んでいると思いたくない状態でした」

遺族には、信じられない光景だった。山口地裁でも、差し戻し前の広島高裁でも、Fは検察、弁護人双方の質問に答え、多くの証言をおこなっている。それを直接聞いてきた遺族には、目の前にいるFが、シナリオ通り、役者が舞台で演技をしているようにしか思えなかった。

――乳房を触ろうとしたのではないのか。

F「その時は触ろうとは思ってないです」

――乳房を見て性的興奮はなかったのか。

F「ないです」

――それで？

F「ブラジャーの真ん中をカッターの刃で切りました」

――どうしてそんなことをしたのか。

F「そう言われると困りますが、切りました。乳房が露出したので右手で左乳房を揉《も》んで、右の乳房に口をつけました。揉んだり吸ったりしました。乳首を吸うというより、くわえる感じです。甘えたいという気持ちが強かったんです」

――赤ちゃんは？

F「座って泣いていました。僕のせいでお母さんを亡くしてしまったと思いました。放っておけずにあやそうとしました。かがんで、両脇《りょうわき》の下に手を入れて抱き上げようとしたんですが、すべり落ちるようにして頭から落ちました」

――赤ちゃんは落ちてどうなったの？

F「仰向けになって、一瞬泣きやみました。頭を打っていることはわかりました。

また泣いたので、あやそうとして、力を入れて横抱きにするように抱きあげました。赤ちゃんはずっと泣いていました。朦朧《もうろう》としながら、奥へ進んで行きました」

——どこに行き着いたの？

F「子供部屋と思っていた部屋です。後から風呂場《ふろば》だと気づきました。台所の風にあたってパニック状態から覚めて気づきました。ベビーベッドだと思っていたのは風呂桶《おけ》でした」

——どうしたのか。

F「ベビーベッドと思ったところに置きました」

——(風呂桶に)落ちたということか。

F「結果的にそうです。赤ちゃんの泣き声が響いて、沢山の赤ちゃんの泣き声があるように聞こえて、パニック状態になりました。居間の入口で弥生さんの幽霊を見ました」

——幽霊をこれまでにも見たことはあるのか。

F「あります。母が亡くなった後に母の幽霊を見ています」

——どういう風になったのか。

F「この部屋に閉じ込められたような気がしました。幽霊に襲われると思ってパニックになりました」

——弥生さんの幽霊がどうして見えたと思ったのか。

F「弥生さんを、汚物のついた状態で放置していたので出てきたと思います。赤ちゃんの泣き声がまた聞こえ、風呂桶の赤ちゃんを抱き上げ、押し入れに置きました」

——弥生さんにどうしたのか。

F「汚物を拭《ぬぐ》うためにジーパンとパンツを両手で脱がしにかかりました。脱がし終わる頃、赤ちゃんがハイハイするのを見ました」

——どうしたのか。

F「赤ちゃんを抱っこしてあやそうとしましたが、混乱状態になって、両膝《りょうひざ》をついた状態で両手をズボンのポケットに入れると、右ポケットに紐《ひも》がありました。（自分の）左手首に絡《から》め、左指にも絡めて右手で絞めました」

——赤ちゃんの首を絞めたという認識は？

F「ありません。取り調べの時に、蝶々結びや二重に巻いていたことを捜査官から教えてもらいました」

——赤ちゃんの首に巻かれていたことは資料でわかったのか。

F「はい」

――表情を見たの？

F「はい。あおむけで口を開いていました。口元が紫になっていて、動きませんでした。放心状態になって後ろの柱に寄りかかりました」

――赤ちゃんの命がなくなったとみていたということでいいのか。

F「何が原因だかはわかりません。口が紫だったので、亡くなったと思いました」

――その時の気持ちは。

F「深い絶望的な気持ちです」

――どういうこと？

F「あやすつもりだったのに結果的に殺《あや》めてしまったことに絶望しました」

――赤ちゃんをどうしたのか。

F「天袋に入れました。現時点での言及は避けます。投げ入れてはいません」

――なぜ押し入れの中に入れたのか。

F「今思えば、とても幼いが、ドラえもんの存在を信じています。押し入れは何でも願いをかなえてくれる四次元ポケットです。ドラえもんが何とかしてくれると思いました」

――置いた後はどうしたか。

F「勃起《ぼっき》していました。弥生さんとお母さんがダブっていました。ハイハイして、弥生さんに近寄りました」

——弥生さんの中に母を見たのか。

F「亡《な》くなった母を見ました。お母さんなら願いに応《こた》えてくれると思いました」

——それで？

F「姦淫《かんいん》しました」

——どんな気持ちだったのか。

F「生き返って欲しいという気持ちです」

——生き返ることと死んだ人に姦淫することはどうつながるのか。

F「山田風太郎の『魔界転生《てんしょう》』の中に出てくる、精子を女性の中に入れる復活の儀式でした」

——精子を入れることで、亡くなった人が生き返るということか。

F「そういうことです」

——弥生さんと姦淫行為をする前に女性と性交したことがあるか。

F「ないです」

——どのくらいの時間、結合していたのか。

F「僕の中では姦淫によって、お母さんに抱きついていたかったのです。具体的な時間はわかりません」

――射精はしたのか。

F「どの時点でしたかはわかりませんが、しました」

本村は、感情が爆発するのを必死でこらえながら証言を聞いた。報道を通じて、Fの主張はすでに知っていた。しかし、目の前で語られていく〝新事実〟とやらの恐ろしいまでのリアリティのなさはいったい何だ。この男は、支離滅裂で合理性のないこの話を、本当に聞く者が信じると思っているのだろうか。

こんな男に妻と娘の夢と希望が断ち切られたかと思うと、二人が不憫《ふびん》でならなかった。隣では、義母の由利子がすすり泣いていた。

これまで一切出て来なかった主張を始めた安田は、「裁判所も検察も、司法全体がこの七年間を痛切に反省しなければならない」とまで述べていた。自分たちが言っていることが真実で、これまで審理してきたことはデタラメだというのである。だが、すべての公判を傍聴してきた本村には、どちらが真実であるかはわかっている。

本村は、前回の控訴審《こうそしん》が終わってからの五年余をFがこんなことを言うために徒《いたずら》に時を過ごしてきたかと思うと、腹立たしさと同時に虚《むな》しさがこみ上げてきた。

二日間に及んだ被告人質問の最後に、裁判官は、「遺体に乱暴した後、脈を確認したりはしたのか」という質問をしている。「いいえ」と答えるF。裁判官は、「生き返らせようと乱暴したのに、実際に生き返ったか確認しなかったのか」と聞くと、Fは、「はい」と答えている。

裁判長「なぜ確認しなかったのですか」

F「わかりません」

裁判長「『魔界転生』を読んだのは、単行本ですか、文庫本ですか」

F「覚えていません」

裁判長「自分で買って読んだのですか」

F「覚えていません」

六月二十八日、三日間の集中審理が終わって、Fが法廷を出る際、傍聴者がハッとするシーンがあった。それまで一度も遺族の顔を見たことがなかったFが、この時、初めて本村と視線を合わせたのだ。

Ｆの視界に本村の姿が入るのは、おそらく本村が前回の広島高裁で意見陳述をした二〇〇一年十二月以来のことではないか。隣には弥生の母の由利子もいる。

立ち止まったＦは、そのまま二人を見た。薄い目が、二人を睨《にら》みつけていた。由利子はぞっとして視線を落とした。本村は、Ｆを睨み返した。切っ先を鋭く尖《とが》らせた、殺意を感じさせるＦの視線だった。

二人の青年が傍聴席の仕切りを挟んで二、三メートルの位置で対峙《たいじ》した。五秒、六秒、七秒……。

Ｆは、廷吏に促され、本村から視線をそらし、やっと出口に向かった。ドアから出て中廊下に立ったＦは、また本村の方を見た。広島高裁三〇二号法廷は、被告人が出入りする法廷右の中廊下側は、窓ガラスになっている。

「……」

本村は、この視線は、Ｆのメッセージだと思った。法廷では、あんな証言、そして反省の弁を述べているが、本当の心は違うぞ。Ｆが、そう自分に伝えているような気がした。

第十五章　弁護団の致命的ミス

二〇〇七年八月十九日、光市から二十キロほど南方に浮かぶ祝島《いわいしま》に、観光客とは雰囲気が異なる、男ばかり十一人の集団が降り立った。

祝島は、周防灘《すおうなだ》と伊予灘の境界に位置する周囲十二キロ、人口六百人足らずの小さな島である。古来、瀬戸内海の海上交通の要衝に位置し、瀬戸内海でも屈指の漁場を抱える島だ。

十一人の男たちは、光市母子殺害事件の弁護団である。それは、総勢二十二名の大弁護団の内、半分が参加する〝合宿〟だった。一行は、光市室積沖田《むろづみおきた》の事件現場を検証するなど、この夏、光市と祝島で三日間にわたる合宿を敢行していたのだ。

すでに差し戻し控訴審《こうそしん》は七回を数え、Fの主張が報道される度に、「荒唐無稽《こうとうむけい》な主張だ」という反発が全国に広がっていた。

五月末に橋下徹《はしもととおる》弁護士がテレビで弁護士会への懲戒請求を促す発言をおこなった

ことも相俟《ま》って、弁護団のメンバーそれぞれに抗議が殺到していた。

弁護団の一部の弁護士が橋下に損害賠償を求めて訴えるなど、それは〝場外乱闘〟にまで発展していた。そんな中、差し戻し控訴審最大にして最後の決戦になる九月十八日からの集中審理に向けて、より強固な理論武装をおこなうため、彼らは合宿をおこなったのである。

一日往復三便しかない小さな連絡船に乗り、彼らがわざわざこんな島にやって来たのには、理由がある。

祝島は、二十四年前、中国電力が対岸にある長島の南端に「上関《かみのせき》原子力発電所」を建設する計画を発表して以来、原発反対運動の島として変貌《へんぼう》を遂げた。島民のほとんどが反対する中、一部島民が誘致に賛成したため、島全体が原発問題の渦中《かちゅう》に放り込まれたのである。

上関原発建設反対運動にかかわっているのが、光市母子殺害事件の本田兆司《ちょうじ》弁護団長であり、安田と共に最高裁での弁論から参加している足立修一だった。

弁護団は、一人ひとりが手弁当での弁護活動である。高級なホテルでの合宿など、とても考えられない。長閑《のどか》で風光明媚《めいび》な祝島で、しかも馴染《なじ》みの旅館で三日間の内の一日を過ごそうという計画だった。

祝島の「みさき旅館」。定期船の発着場から歩いて三分ほどの場所にある二階建ての素朴な旅館である。公民館前に建つこの旅館は、客室が五部屋しかない。弁護団がやってきたら、それだけで満杯になった。旅館を借り切った形になった一行は、さっそく議論に入った。食事の時間になっても、冷えたビールを口にしながら、侃々諤々《かんかんがくがく》の議論がつづいた。

議論の中心は、常に安田だった。それは弁護団結成後、一貫して変わらなかった。広島でもほぼ毎週のように土曜日に弁護団会議を開き、午前中に安田、足立、あるいは若手の井上明彦《あきひこ》弁護士らが広島拘置所でFに接見し、午後、裁判所の裏にある広島弁護士会館の一室で会議を開くパターンが繰り返された。

白熱した時は、夜中の二時、三時まで議論を闘わせることもあった。レジュメや、裁判所に提出する資料の誰がどの部分を書くか、という担当の割りふりをはじめ、すべてを安田が取り仕切った。

何らかの判断、指示が必要な場合、最も経験豊富な安田がそれをおこなった。事実上の「安田弁護団」である。

ほとんどが死刑廃止に賛同する弁護士たちであり、みな、自腹である。世間からの非難をよそに、彼らは彼らなりの信念でこの仕事に取り組んでいた。遠方からやって来る弁護士たちは、広島までの旅費を含めて、かなりの費用をつぎこんでいた。

その安田が徹底してこだわったのが、法医学的な問題だった。

最高裁でも主張したように、安田には、弥生の遺体写真に、親指によって強く圧迫されたことによる表皮剥脱《はくだつ》及び皮下出血が写っていないことが解《げ》せなかった。首の右側についた四本の蒼白《そうはく》体、すなわち指で圧迫された痕《あと》が「逆手《さかて》」を示していることも、安田が法医学的な問題にこだわる理由だった。

そのため、弁護団は、絞殺《こうさつ》の状態を示すために、粘土で首の模型を作ったり、あるいは、首を絞める実験を弁護士同士で延々とおこなった。

夏の合宿でも、それは変わらなかった。

しかし、一方で、Fの反省をどう引き出すのか、裁判長や国民に対して、Fの反省をどう響かせるのか——その肝心の部分については、なかなか議論が深まっていかなかった。うねりのような、想像を超えた国民の反発も弁護団を動揺させていた。

復活の儀式と母胎回帰ストーリー、そしてドラえもんの四次元ポケット……この奇想天外な主張が、法医学的な論争を挑もうとする弁護団の足枷《あしかせ》となり、一方で、法医学に弁護団がこだわればこだわるほど、Fの反省を引き出すための障害ともなっていた。

口にこそ出さないものの、このストーリーがそのまま差し戻し控訴審で受け入れられるとは、誰にも思えなかった。公判が進むにつれ、そして、国民からのバッシングが激しくなるにつれ、どうしようもないジレンマが弁護団を覆《おお》うようになっていたのである。

祝島での合宿では、マスコミ対策も議題となっている。単なる取材拒否ではなく、方針転換して積極策に打って出るのはどうか。

なかには、Fの実名を公表した上で、事件直後の中学生程度にしか見えない幼い姿の写真を公開することまで議論された。しかし、結論は出なかった。

それでも粘土模型作りと首絞め実験にこだわる弁護団に、大きな亀裂《きれつ》が生じるのは、光市と祝島での合宿が終わって以降のことである。安田と若手の今枝仁《いまえだじん》弁護士との間に、決定的な衝突が起こるのである。

きっかけは、東海テレビが開局五十周年番組として制作するドキュメンタリーの密着映像に、ある弁護士が協力し、出演したことだった。

メディアに対する個別の取材応対はしてはいけないという弁護団の原則を侵し、特定のメディアを優遇し、他の大多数のメディアの反感を買った行為を今枝が問題視したのである。

その批判は、やがて最高裁の弁論欠席後に開かれた安田の記者会見にまで及び、安田と今枝との間で、罵《ののし》り合いにも近い大喧嘩《おおげんか》に発展する。

今枝には、メディアを通して十分な説明をすることなく「ドラえもん」「四次元ポケット」「復活の儀式」などの主張をしたことが、激しい国民の反発を生んだという認識がある。

F本人が、こういうことを言い出したからといって、それをそのまま法廷内で主張するべきかどうか、疑問を持っていた。このことについては、弁護団の中でも意見が割れていたのだ。

その思いが、感情的な対立を呼び、安田との決定的な激突となったのである。

涙の意見陳述

弁護団の亀裂は、差し戻し控訴審の天王山となった九月二十日の第十回公判で、はからずも露呈した。それは、最後の最後で犯した弁護団の致命的なミスだった。

この日は、本村と由利子の意見陳述に加え、それに付随した被告人質問も予定されていた。実質的に検察と弁護側との最後の攻防となる法廷だった。

三十四枚の傍聴券に千百八十八人が並び、倍率は実に三十五倍となった。弥生の母がどんな思いを法廷で述べ、本村が、Fに何を語りかけるか。

Fと本村の最後の対決に多くの傍聴希望者が詰めかけたのである。

由利子が意見陳述に立ったのは、この日、午後三時四十分のことである。証言台に行き、着席を許された由利子は、用意してきた六枚の手書きの紙を証言台に置いた。落ち着くために小さく息を吸った由利子は、感情を抑えながら陳述を始めた。

「五月二十四日、差し戻し控訴審で、五年振りに目にした被告人、どんな気持ちで日々過ごしていたのか、随分太ったなと思いました。法廷での態度は、当時と変わる事なく、反省している様子を感じられるものはありませんでした。それは被告人に差し戻し審が気持ちの上で何か余裕のようなものがあったのでしょうか？」

穏やかに語り始めた由利子は、ここで一転して殺意を否認しだしたFをこう非難した。

「一審・二審の裁判は一体何だったのでしょう。七年も八年も経《た》った今になって、信じられません。被告人質問においては、変に、取ってつけたような丁寧語で語られても、被告人自身の真実感が伝わってきません。創作された話の筋を、度重なる練習で覚えさせられたのに違いないと、確信せずにはいられません。

今回の供述で、〝倒れて首に手をやったら動かなくなった〟とか〝首に蝶々《ちょうちょう》結びしたら死んでいた〟等、そんな事がある訳はありません。人がそんなに簡単に死ぬものではありません。私の娘が孫が勝手に死んだとでも言うのですか？　被告人が自分の目的を達するために、殺意があったから、死に追いやる程いっぱいの力を込めて絞め殺したのです」

由利子の声は次第に涙で途切れがちになる。

「ドラえもんが出てきたり、復活の儀式等と、娘と孫の命を粗末な言葉で振り回されて、あまりにも可哀想《かわいそう》でなりません。被告人は退廷する時、私たち遺族を鋭い目で睨《にら》みつけて行きました。人を殺害して、二つの尊い命を奪い反省もなく、罪悪感が少しでもあれば、そんな態度はできるはずありません。

弁護人と、法医鑑定をされた大野教授が、独自に絞殺方法を再現実験されたようですが、死にもの狂いの状態まで体験されたのでしょうか？　私自身、娘が孫がどんなに苦しい思いをさせられたのか自分の手で自分の首を絞めてみました。死の極限までの実験でないと、指の向きがどうなって指の跡がどうなるという確実な証拠として値しない無意味なものと思います。

家庭環境の悪さをいつも取り上げられていますが、家庭環境が悪ければ、殺人を犯しても仕方のない事で、罪はないのですか？　世間には家庭環境の悪い方、沢山おられると思います。でもそれに負けることなく立派に生きて行かれています。娘も母子家庭の中で育ちました。でも明るく元気で素直でお友達も沢山いて、決して親を困らせるような娘ではありませんでした」

肩を震わせながら、由利子は必死で陳述した。ノートにペンを走らせる記者たちの目にも涙が滲《にじ》んだ。

「弥生のささやかな幸福は、一瞬にして被告人によって壊されてしまったのです。娘は生き地獄だったでしょう。どんなに苦しかったでしょう。どんなに恐《こわ》かったでしょう。心の中で必死で愛する夫の名を叫び続けていたでしょう。その母親にすがって行く孫の姿を思うと胸が張り裂けんばかりです。被告人はこんな惨《むご》いかたちで二人の命をうばって、まだ自分の命が惜《お》しいのですか？　被告人自身にも絞殺される苦しみを存分に味わって欲しい。死をもって罪を償うべきです。

毎回毎回の裁判は聞くに耐えられないことばかりです。またそれ以上に許せないのが昨年の最高裁口頭弁論を弁護団が欠席されたことです。遺族は必死の思いで裁判に向き合っています。時間と経費をかけ、傍聴に行っているのです。裁判を遅らせる為《ため》の究極の技と聞きましたが許せません。私たち被害者遺族は、法律が裁いてもらわなければ、この無念の思い、言葉では言い尽くせない程の怒りや悲しみを癒《いや》す方法はありません。差し戻し控訴審弁護団二十二人、被告人の供述が一転して、殺意を否認して傷害致死、信じられません。情けなく悔しい思いでいっぱいです」

由利子は泣きながら、これが自分にとって娘にしてあげられる最後のことかもしれない、とこう声を上げた。

「真実の裁判をして下さい。私たち被害者遺族は、一審二審での供述が真実だと思っています。被告人に死刑を回避する事情はどこにも見当たりません。年齢も十八歳と一カ月。十分、成人です。被告人は法廷の場においても好き勝手な行動を取り、私たち遺族が見ていて反省している態度には到底うかがえるものではありません。仮に無期懲役で社会に復帰しても再犯する可能性が大いに感じられます。更生の可能性は一切考えられません。私たち被害者遺族は極刑しかないと信じています」

嗚咽《おえつ》をハンカチで抑えてこらえながら、由利子は最後まで陳述をおこなった。法廷は、静まりかえった。

Fの表情は、見えない。ノートにメモをしながら聞いている。背中を丸めた姿に感情が動いているようすは窺《うかが》えなかった。

「私は君に絶望する」


そして、いよいよ本村の意見陳述の番が来た。紺のスーツに濃いブルーのネクタイを締めた本村は、由利子と入れ替わりに、証言台に座った。

「本日は、私の意見陳述をご許可頂き、深く感謝致します。私は、この裁判で意見陳述を行うのは二回目となります。最初は、五年九カ月前の平成十三年十二月二十六日、この広島高裁で意見陳述を行いました。事件発生から二年八カ月が経過した時です」

本村の姿は、五年九カ月前とはまったく違っている。姿というより内面から滲み出てくる雰囲気だろうか。この青年がその間に、大きく人間的な成長を遂げたことは、間違いなかった。

本村は、こうつづける。

「その時、私は意見陳述の冒頭で、以下のように述べました。〝私がここで発言する内容は、すべてF君、君に聞いて欲しいことです。私が発した言葉のうち、ひと言でもふた言でも多くの言葉が君の心に届き、君の犯してしまった罪について少しでも考察を深める手助けになればと思います〟。そして、以下のように続けました。

〝妻と娘の最期《さいご》を知っているのは、F君、君だけです。妻と娘の最期の表情や最期に残した言葉を知っているのは君だけです。妻は君に首を絞められ、息絶えるまでの間、どんな表情をしていたか、どんな言葉を残したか、母親を目の前で殺された娘は、どんな泣き声だったか、必死にハイハイして君から逃れ、息絶えた母親に少しでも近づこうとした娘の姿はどんなだったか、君はそれを忘れてはいけない。

妻と娘の最期の姿。それが、君の犯した罪だからです。君がどんな家庭環境で育ち、どのような経験を経て犯罪に至ったかが罪ではない。君が殺した人の夢や希望、人生そのものを奪ったことが罪なのだから。そして、君は妻と娘のことについて何一つ知らない。だからこそ反省も出来ないし、己の犯した罪の大きさを知ることすら出来ない。

ただ、唯一《ゆいいつ》君が妻と娘の人生を知る術《すべ》として、妻と娘の最期の姿がある。きっと、妻と娘は最期まで懸命に生きようとしたと思う。生きたいと願ったと思う。その姿を君は見ている。妻と娘の最期の表情や言葉を君は忘れてはならない。毎日思い出し、そして己の犯した罪の大きさを悟る努力をしなければならない〟

そして、最後にこう述べました。

〝君が犯した罪は万死に値します。いかなる判決が下されようとも、このことだけは忘れないで欲しい〟

私がはじめて意見陳述したときは、過去の判例から推察して死刑判決が下されない可能性が高いと思っていました。つまり、君が社会復帰する可能性があるということを考えながら、意見陳述をしていました。だから、今後君が社会復帰した時に、二度と同じ過《あやま》ちを犯して欲しくないと思い、少しでも反省を深め、人間としての心を取り戻せるようにと一生懸命に話しました。だからこそ、最後にこう述べました。

〝君が犯した罪は万死に値します。いかなる判決が下されようとも、このことだけは忘れないで欲しい〟

その時から、五年以上の歳月が流れ、死刑判決が下される可能性が高まり、弁護人が代わり、そして、君は主張を一変させた。

私は、なぜ弁護人が最高裁弁論期日のわずか二週間前に交代したのか理解に苦しみます。加えて、最高裁の公判を欠席するなど許されない行為だと思っています。そして、弁護人が代わった途端に君の主張が大きく変わったことが、私を今、最も苦しめています。

最近では、被告人の主張が一変したことについて、弁護団の方々がインターネット上で裁判に関する資料を公開し、弁護団とF君の新たな主張として、社会に向けて発信しています。また、この事件に関する報告会のようなものを弁護士会をあげて開催しているとも聞きます。

インターネット上で妻の絞殺《こうさつ》された時の状況を図解した画像などが無作為に流布《るふ》され、私の家族の殺され方などが議論されている状況を決して快く思っていません。しかしながら言論や表現の自由は保障されるべき権利でありますので、私が異議を唱えることはできないとは思っていますが、弁護団の主張やインターネット上で取り交わされる議論を沈痛な気持ちで静観しています。

ただ、自分でもうまく感情を理解できないのですが、そのようなことが掲載されているところを拝見し、殺されている状況が図解されている妻の悔しさを思うと涙が溢《あふ》れてきます。怒りなのか、虚《むな》しさなのか、この感情をどのような言葉で表せば良いのか分かりません。ただ、家族の命を弄《もてあそ》ばれているような気持ちになるのは確かだと思います。

私は、事件直後に一つの選択をしました。

〝一切社会に対し発言をせず、このまま事件が風化し、人知れず裁判が終結するのを静観するべきか、積極的に社会に対し被害者としての立場で発言を行い、事件が社会の目に晒《さら》されることで、司法制度や犯罪被害者の置かれる状況の問題点を見出《みいだ》してもらうべきか〟

そして、私は後者を選択しました。家族の命を通して、私が感じたままを述べることで社会に何か新しい視点や課題を見出して頂けるならば、それこそが家族の命を無駄にしないことに繋《つな》がると思ったからです。

しかし、先のように世間の話題になることで、インターネット上で家族の殺害状況の図解までが流布される事態を目《ま》の当たりにすると、私の判断が間違っていたのではないかと悔悟の気持ちが湧《わ》いてきます。

しかし、このような事態になったのは、これまで認めてきた犯行事実を根底から大きく一変させ、私たち遺族だけでなく、事件に関心を寄せて頂いていた世間の皆様もこの新しい主張が理解し難いことばかりであったことが原因だと考えています。なぜ、一審・二審で争点になっていなかったことが、弁護人が代わって以降、唐突に主張されるようになったのか、私は理解できませんし、納得し難いです。遺族としては、弁護人が代わることで、ここまで被告人の主張が変わってしまうことが非常に不可解でなりません。私達遺族は、一体何を信じれば良いのでしょうか？」

本村は、Fの証言の豹変《ひょうへん》について、次第に語気を強めていった。

「F君、私は君に問いたい。君がこれまで、検察側の起訴事実を大筋で認め、反省しているとして情状酌量を求めていたが、それは全て嘘《うそ》だと思っていいのですか？　私がこれまで信じてきた犯行事実は、私が墓前で妻と娘に報告してきた犯行事実は、すべて嘘だったと思っていいのですか？　本当に、本法廷で君が述べていることが真実であると、私は理解していいのですか？

しかし、私はどうしても納得できない。私は、ずっとこの裁判を傍聴し続けてきたが、どうしても君が心の底から真実を話しているように思えない。君の言葉は、全く心に入ってこない。たとえ、この裁判で君の新たな主張が認められず、裁判が終結したとしても、私には疑心が残ると思う。

事件の真相は、君しか知らない。よって、この法廷で真実を述べているか否《いな》かなど、私が君の証言について是非を言うべきことではないかもしれない。しかし、私は君がこの法廷で真実を語っているとは、到底思えない。今の君の言葉は、まったく信じられない。

だから今後、君が謝罪の言葉を述べようともその言葉は信じられないし、君が謝罪の手紙を何通綴《つづ》ろうとも読むに値しないと思っている。少なくとも、この裁判が終結するまでは君の言葉は信じられない」

水を打ったように静まり返った法廷に、本村の声だけが響いていた。報道席では、本村の陳述をひと言も聞き洩《も》らすまいと、記者たちがノートにペンを走らせていた。

Fも、持参しているノートに何かを書いている。

本村は、もし、この法廷での発言が真実だとすれば、と語を継いで、こう言った。

「私は君に絶望する。君はこの罪に対し、生涯反省できないと思うからだ。君は殺意もなく、偶発的に人の家に上がり込み、二人の人間を殺したことになる。こんな恐ろしい人間がいるだろうか？

私は、君が反省するには、妻と娘の最期の姿を毎日でも思い浮かべるしかないと思っていた。しかし、君は殺意もなく、生きたいと思い、最後の力を振り絞って抵抗したであろう妻と娘の最期の姿が記憶にないのだから、反省しようがないと思っている。

F君。

私が君に言葉を掛けることは、これが最後だと思う。最後に、私が事件後に知った言葉を君に伝えます。中国、春秋戦国時代の老子の言葉です。

〝天網恢恢《てんもうかいかい》、疎《そ》にして漏らさず〟

意味がわからなければ、自分で調べてもらえればと思う。そして、この言葉の意味をよく考えてほしい。

君が、裁判で発言できる機会は残り少ないと思う。自分がこの裁判で何を裁かれているのか、己の犯した罪が何なのか、自分が何を成さなければならないのかをよく考え、発言をして欲しい。そして君の犯した罪は、万死に値する。君は自らの命をもって罪を償わなければならない」

この〝天網恢恢、疎にして漏らさず〟は、事件後の取り調べの中で、奥村刑事が少年法に絶望していた本村に授けた言葉である。天の張る網は、広くて一見目が粗いようだが、悪人を網の目から漏らすことはない。悪事を行えば、必ず天罰を受けるという言葉である。

本村はこの言葉を胸に、これまで法廷での闘いを続けて来た。その大切な言葉を今度は本村がＦに伝えたのだった。

そして本村は、陳述の最後に、〝裁判官の皆様〟と呼びかけ、こう語った。

「事件発生から八年以上が経過しました。この間、私は多くの悩みや苦しみがありました。しかし、挫《くじ》けずに頑張って前へ進むことで、多くの方々と出会い、支えられて、今日まで生きてきました。

今では、しっかり地に足を着け、前を向いて歩いています。今日まで、私を支援して下さった方々に深く感謝しています。そして、私の行動をいつも遠くから優しく見守ってくれた両親や姉、妻のご家族様にも深く感謝しています。

私は、事件当初のように心が怒りや憎しみだけに満たされている訳ではありません。しかし、冷静になればなるほど、やはり妻と娘の命を殺《あや》めた罪は、命でもって償うしかないという思いを深くしています。

そして、私が年を重ねる毎《ごと》に多くの素晴らしい出会いがあり、感動があり、学ぶことがあり、人生の素晴らしさを噛《か》み締めています。私が人生の素晴らしさを感じる度に、妻と娘にも本当は素晴らしい人生が用意されていたはずだと思い、早すぎる家族の死が可哀想《かわいそう》でなりません。

私たち家族が共に暮らせるようになるまでには、決して順風満帆な道のりではありませんでした。学生結婚だったため、私の経済力が全くなく娘が産まれても新居がないような状況で、妻にはいつも迷惑ばかりを掛けてしまい何の贅沢《ぜいたく》もさせてあげることができませんでした。娘には、自分の名前の由来すら教えてあげることができませんでした。

しかし妻は、どんな辛《つら》い時もいつも前向きで、明るい笑顔で私を支えてくれました。本当に美しく尊敬できる人でした。娘はよく笑う愛嬌《あいきょう》のいい、大人しい子でした。

私は、妻と出会い、娘を授かることが出来たことに感謝しています。

残念ながら私は、妻と娘にその感謝の気持ちを伝えることが出来ませんでした。私は、悔しくて、悔しくてなりません。

そして、私たち家族の未来を奪った被告の行為に対し、私は怒りを禁じえません。私は、家族を失って家族の大切さを知りました。命の尊さを知りました。妻と娘から命の尊さを教えてもらいました。私は、人の人生を奪うこと、人の命を奪うことが如何《いか》に卑劣で許されない行為かを痛感しました。だからこそ、人の命を身勝手に奪ったものは、その命をもって償うしかないと思っています。それが、私の正義感であり、私の思う社会正義です。そして、司法は社会正義を実現し、社会の健全化に寄与しなければ存在意義がないと思っています。

私は、妻と娘の命を奪った被告に対し、死刑を望みます。そして、正義を実現するために、司法には死刑を科して頂きたくお願い申し上げます」

本村は、そう陳述を締めくくった。そして、裁判官に深々と一礼して、証言台を離れた。

しばらく誰も声を発することができなかった。事件発生から八年余。本村の姿勢は、年月を経ても、いささかも揺らいでいなかった。

狂気の目

本来はここで終わるはずだった法廷は、最後にFへの被告人質問がもう一度おこなわれることになった。Fの反省悔悟の気持ちを強く印象づけたい弁護団の要請によるものだった。法医学的観点から挑んだ論争で、弁護団は思ったような成果を上げられなかったのである。

だが、ここで弁護団は致命的な失敗を犯した。それは、焦《あせ》りと内部の亀裂《きれつ》から生まれたミスだったかもしれない。

三十分の休廷の後、由利子と本村の意見陳述に対して、どう受け止めたかをFは弁護団に聞かれた。Fは最初からしゃくり上げていた。

「すべてにおいて受け止められないです……。だから、すべてにおいて受け止められる人間を目指そうと思います」

――被害者遺族の苦しみ悲しみを受け止めようとしているのかな?

「はい。亡《な》くなった二人のことを思うと生きたいとは思いません。しかし、できれば生かしていただきたいのです」

――生きたいと思っているのか。

「生きたいです」

――社会は君のことを鬼畜のように思っている。生きて何をしたいのか。

「生きて、できれば、したいことがあるとすれば、僕と同じ少年、少女の人とか不運の人とかいると思います。僕は……苦しんでいる人がいたら……生き証人になりたい……」

涙声で、よく聞きとれないが、Fは自分と同じ不幸な境遇の子供たちに何かをしてあげたいということを言おうとしていた。

――君は被害者遺族に手紙を出しているね。

「はい」

――見てもらっていると思ってた？

「いえ、思ってません」

――君は、生きて遺族に何をしたい？

「会いたいです。できたら拘置所でお会いしたいです」

――図々《ずうずう》しい？

「僕はそれを転機にしたい。僕には本村洋さんが必要なのです。生の僕自身を見て欲しいです」

――法廷での君は違うのか？

「（法廷では）本村さんはモンスターのようなものを見ています。でも（本当の）僕自身を見て欲しいのです」

この時、傍聴席の本村はメガネを外し、目を閉じたまま憮然《ぶぜん》とした表情で目と目の間を苦しそうにつまんだ。

――君は十二歳でお母さんが亡くなった。そしてはとんどを拘置所で過ごしているね。生きる喜びとか幸せとか実感したことはないのではないですか。

「まったくないことはない。小さな幸せを見落としていました。それを大きな幸せにしていきたいです」

――あなたは本村さんに会いたいと言いましたね。本村さんは、君の名前を呼んで、君は万死に値する、と言いました。命をもって償わなければならない、とも。それでも会いたいのですか。

「ここ（法廷）ではわかってもらえない。会いたいです」

――向こうは会いたくないと言っている。

「会いたいから生きつづける。それはいけないのですか……」

弁護団の質問は終わった。次は、検察だ。最後の被告人質問である。検察官はゆっくり立ち上がると、こう質問を始めた。

——意見陳述の時、傍聴席から嗚咽《おえつ》が漏れていたのに気がつきましたか。

「いいえ」

——弁護団の中にさえ、(嗚咽を漏らす人が) いましたよ。ところで、君は最後まで何か書いてましたね。何ですか?

「(遺族の) 証言を書いていました」

——しかし、あなたは、ペンで縦にスーッと線を入れて (それを) 削除しましたね。

「してません」

Fが否定した時、検察官は突然、

「嘘を言うな。縦に線を引いたじゃないか!」

と、声を荒らげた。その瞬間、

「してません!」

と、Fも声を荒らげた。

証言席のFは、突然、立ち上がり、廷吏の隣の自分が座っていたもとの席につかつかっと戻ってきた。

激昂《げっこう》していた。

狂気を帯びた目だった。Fの顔は傍聴席の側に向いている。遺族は、その目を凝視した。Fが激昂した時の目を遺族は確かに見た。泣きやまない夕夏に怒り、叩《たた》きつけたシーンを、遺族は思い浮かべた。

Fは、自分の席にあったノートを摑《つか》むと、それを検察官のところへ持っていき、

「ほらっ」と手渡した。

法廷全体が、呆気《あっけ》にとられていた。声もなく、Fの行動を見ていた。

ノートの中身をパラパラとめくってみる検察官。線らしきものは見当たらない。Fは、検察官からそれをひったくると、今度は裁判官にこれを持っていった。

そして、線が引かれていないことを確認させると、何事もなかったかのように自分の席に戻ってきたのである。Fの目は、もとに戻っていた。

「謝罪しろ」

「今のは、(法廷の記録から)削除してください」

弁護団から声が飛んだ。検察官は、

「その必要はない」

と、取り合わない。

その時、弁護団の今枝が立ち上がった。

——あなたはこれまでも友だちや家族から裏切られてきました。今の検察官のように線を縦に引いたとか、こういう誤解や濡《ぬ》れ衣《ぎぬ》をこれからも着せられるかもしれない。あなたは、それでも心が折れることなく、生きていくことができますか。

「はい」

今枝は最後に、「何か言いたいことがありますか」とFに尋ねた。その時、Fは、こう言ってのけた。

「僕から言わせていただければ、検察官には、舐《な》めないでいただきたい」

小さな声だった。しかし、確かにFはそう発言した。

今度は検察が声を上げた。

「裁判長！　今の言葉の意味を確認してください！　舐めないでいただきたいとは、どういう意味ですか？」

弁護団が叫ぶ。

「その必要はない！」

「何を言ってるんだ！」

「そっちがデタラメを言ったからだろう!」

法廷は騒然とした中で、閉廷した。

本村は、一分前まで涙を流し、反省の言葉を述べていた人間の突然の豹変《ひょうへん》を落ち着いて見ていた。Fは、「自分には本村さんが必要だ」「拘置所で会って、生の姿を見て欲しい」と直前まで言っていた。だが、本村は冷静だった。

「人を殺す人間とは、こういう人間なのだ」

そう思った。最後にFの本性が露《あら》わになるあんなシーンが生まれるとは、たしかに誰も予想していなかったはずである。

慎重に証言を重ね、涙を流させ、反省と償いを強調していた弁護団の方針は最後の最後に崩れた。

しかし、本村は、以前に証拠採用されたFの手紙の一節を忘れてはいない。

「誰がゆるし、誰が私を裁くのか…そんな人物はこの世にいないのだ。神になりかわりし、法廷の守護者たち…裁判官、サツ、弁護士、検事たち…。私を裁ける者は、この世におらず…」

Fは、拘置所仲間にそんな手紙を書き送っている。もともと「私を裁けるものはこの世にいない」、すなわち「検察官には(私を)舐めないでいただきたい」という態度は、以前から一貫しているのである。

本村にとって、あの態度、あの激昂は不思議でも何でもない。もともとFは反省しているふりをしているだけで、本当の反省などしていないのだ。

本村のこれまでの確信は揺るがなかった。

およそ一カ月後の二〇〇七年十月十八日、検察は最終弁論をおこない、あらためて死刑判決を求めた。

同年十二月四日、弁護側は最終弁論で、精神的に未熟だった元少年が犯した偶発的な事件として、「死刑回避」を求め、光市母子殺害事件の差し戻し控訴《こうそ》審《しん》は結審した。

差し戻し控訴審の判決は、二〇〇八年四月二十二日に決まった。

第十六章　辿《たど》り着いた法廷

本村は、いつものように車を飛ばした。昼間はきらきら輝く真っ青な瀬戸内海も、深夜になると、黒く、重い、不気味な波の音だけになる。

山口県光市は、白い砂浜と青松の美しい海岸がつづく景勝の地だ。

本村は夜、時折、独身寮から東に向かって車を飛ばす。目的地は、かつて、三人の幸せな家庭が築かれていた光市室積沖田《むろづみおきた》の新日鐵《しんにってつ》社宅である。真っ黒な瀬戸内海を右手に見て、本村は、あの社宅に向かうのだ。

この九年間──。

本村には、支えてくれた多くの人間がいた。家族の命を守れず、助けを呼ぶ家族に何ひとつできなかった自分は、変わり果てた妻を発見した時、抱きしめることさえできなかった。それればかりか、娘を探し出してやることもできなかった。

そのことに苛《さいな》まれ、以後、得体の知れない「罪悪感」にとらわれつづけた。自己嫌《けん》悪《お》に陥り、自殺を考え、遺書まで書いた。ふさぎ込む毎日を送って自暴自棄になったことも何度もある。

その自分を多くの人が励まし、支えてくれた。自殺の無意味さを説き、そして、闘いの場に引き戻してくれた。

支えてくれる人々がいなかったなら、今の自分はない。いや、この世にさえいなかったかもしれない。

しかし、最も自分を支えてくれたのは、やはり、あの二人だった。弥生と夕夏。この九年間、さまざまな困難が自分の前に、立ちはだかってきた。Fに死刑判決を、という闘いは、その後、何度も挫折《ざせつ》した。

その度に、日々の生活に虚《むな》しさを感じた。絶望がいつも目の前にあった。

そんな中、執念をもってこの闘いを継続できたのはなぜか。すべての原点は、あの日、あの現場にある。

挫《くじ》けそうになった時、本村は必ず事件現場に足を運び、自分自身を奮い立たせてきた。

かつてわが家は、「41」という部屋番号の下に、「WELCOME」、そして、「MOTOMURA」という木の表札を掲げていた。弥生が選んだ可愛《かわい》らしい表札だった。

しかし、今は何もない。主《あるじ》がいなくなって錆《さ》びついてしまったドアに、ただ目張りされた覗《のぞ》き窓が残されているのみである。

妻が受けた屈辱、娘が受けた苦しみに比べたら、自分の苦悩など、いかほどのことでもない。この現場となった社宅に行き、短かったけれど、家族三人で幸せに過ごしたそのドアの前に立ち、静かに弥生と夕夏に語りかける。

そして、無念の最期《さいご》を遂げた二人に勇気をもらう。どんな困難が目の前に現れようと、九年間、そうやってあらゆることに耐えてきた。

「少年法」の存在すら知らない、法の世界に対して何の知識も、そして意見もない人間が、司法の世界の矛盾と悪弊に、遮二無二、突進できたのはなぜか。

すべては、弥生と夕夏の支えがあったからである。

「パパ、よくがんばったね」

天国で二人に会った時、そう言ってもらうことができればと思って、本村は九年間、闘ってきたのである。

判決の日は、刻々と近づいていた。それは、事実上、すべての総決算となる判決だった。

天を仰いだF

頭上に、ヘリコプターが舞っていた。

広島高裁のまわりを今まで見たこともないような数の人間が取り巻いていた。テレビの中継車がずらりと並び、すべてのテレビ局が、裁判所の敷地内に仮設の中継スタジオを設け、生中継をおこなっていた。

広島高裁のある広島市中区上八丁堀《かみはっちょうぼり》。広島城のお堀端にあるこの地を、本村はいつも通り、報道陣の要望にこたえて検察庁のある東側から裁判所に向かって歩いて行った。マスコミのカメラが一斉に本村に向く。

本村たち遺族は、公判があるたびに裁判所の隣にある検察庁に行き、そこで検察官と会う。ここで落ち合ったあと、本村を除いた遺族は、そのまま検察庁から中廊下を通って裁判所に入り、本村だけが表から、報道陣のカメラに身をさらして裁判所に入るのである。

二〇〇八年四月二十二日火曜日、朝九時四十分。

紺のスーツにブルーを基調にしたストライプのネクタイを締めた本村は、いつものように弥生と夕夏の遺影を持ち、広島高裁の敷地に入ってきた。ちょうど傍聴券の抽選が終わったところだった。

本村は、ものすごい人波とすれ違った。

「がんばって！」

「よくやった。応援してるぞぉ」

さまざまな声が、本村の耳に入って来た。わずか二十六席しかない傍聴券を求めて、四千人近い人が集まっていた。傍聴券の倍率は実に百五十倍となっていた。

殺された家族のために孤高の闘いをつづけるこの青年に、群衆の中から次々と応援の声が飛んだ。本村は、いちいちその声の方角に向って頭を下げながら歩いていった。

これほど声をかけてもらうのは、初めての経験だった。

二十分後の開廷を控えて、広島高裁の周囲は騒然としていた。

広島高裁三〇二号法廷。高裁最大のこの法廷も、来たるべき裁判員制度に備えて改造されていた。検察側、弁護側双方の背後の壁に、大きなモニターがつけられていた。わかりやすくスピーディーに、を合言葉とする裁判員制度のために、法廷に提出される証拠は、一つずつこのモニターに映し出され、解説されるのである。

幾度となく通ったこの法廷も、この日で最後になる。新しく生まれ変わった法廷に、本村はここまでにかかった「時」の長さを感じていた。

午前十時過ぎ。

開廷前のカメラ撮影がおこなわれたあと、Fが入廷してきた。中庭に面した中廊下から廷吏に腰縄を引かれての入廷である。紺色のブレザーに白いズボン姿。ゆとりなのか、それとも長く伸びた髪を撫《な》でつけ、Fは、平然としているように見えた。

あきらめなのか、Fは、平然としているように見えた。

緊張感が漂う中、楢崎康英《ならざきやすひで》裁判長が主文をあと回しにすることを告げると、一部の記者たちが立ち上がって外へ走り出た。その瞬間、楢崎は、

「静かにしなさい！」

と怒声を発した。

全局がおこなっているテレビの生中継のため、記者たちは、ひっきりなしに出入りを繰り返さなければならなかった。

「(ドアを) 閉めなさい！」

朗読の途中に楢崎がそんな声を発したこともあった。この日は、法廷の内も外も、騒然としていた。

朗読される判決理由は、凄《すさ》まじい内容だった。

それは、弁護団の主張を完膚なきまでに打ち砕いていた。詳細な検証によって、弁護団の訴えは、ことごとく退けられていった。

「被告人の当審公判供述は、以下に説示するとおり、被害者の死体所見と整合せず、不自然な点がある上、旧供述を翻《ひるがえ》して以降の被告人の供述に変遷《へんせん》がみられるなど、到底信用できない。逆手にした右手による頸部《けいぶ》圧迫という殺害態様は、被害者の死体所見と整合せず……」

「被告人は、当審に至って初めて、被害者に対しスリーパーホールドをし、同女の力が抜けた後、呆然《ぼうぜん》としていたところ、背中辺りに強い痛みが走り、同女が光る物を振り上げていた旨《むね》供述したものである。この供述は、被告人が、まず最初に被害者に対し暴行を加えたにせよ、その後同女から攻撃されて、なりゆき上、反撃行為としてやむを得ず同女に対し更に暴行に及んだと主張することも可能な内容であるにもかかわらず、当審公判まで一回もそのような供述をした形跡がない。このような供述経過は不自然であり、この供述を信用することはできない」

楢崎は、それぞれの争点に対して、証拠を挙げてわかりやすく断を下していく。それは、異論を差し挟めないほどの説得力を持っていた。遺族席からは、本村の母・恵子のこらえきれない嗚咽《おえつ》が洩《も》れ始めた。

「被告人は、当審公判で、被害者を姦淫《かんいん》したのは、性欲を満たすためではなく、同女を生き返らせるためであった旨供述する。しかし、被告人は、被害者の死亡を確認した後、同女の乳房を露出させて弄《もてあそ》び、さらに、同女の陰部に自己の陰茎を挿入して姦淫行為に及び射精しているところ、これら一連の行為をみる限り、被告人が、性的欲求を満たすため姦淫行為に及んだものと推認するのが合理的である」

「しかも、被告人は、捜査段階のごく初期を除いて、姦淫を遂げるために被害者を殺害し、姦淫した旨一貫して供述していた上、第一審公判においても、性欲を満たすために姦淫行為に及んだ旨明確に供述したほか、屍姦《しかん》にまで及んだ理由を問われて〝怖いというより、そのときには、欲望の方が上だったと思います〟と供述している……」

「なお、被告人は、被害者が死亡した直後、布テープで同女の両手首を緊縛し、同女の鼻口部を布テープを貼《は》ってふさぐなどしており、これは、被告人に同女の生き返りを願う気持ちがあったということにそぐわない行為であるとの感を免れない。このような被告人の一連の行動をみる限り、被害者を姦淫した目的が、同女を生き返らせることにあったとみることはできない」

楢崎は、Fが挙げた『魔界転生《てんしょう》』という小説まで分析して、こう言及している。

「被告人が挙げた『魔界転生』という小説では、一定の条件を備えた男性が、瀕死《ひんし》の状態にあるときに女性と性交することによって、その女性の胎内に生まれ変わり、後日、その女性の身体を破ってこの世に現れるというのであって、死亡した女性を姦淫して、その女性を生き返らせるというものとは相当異なっている」

「そして、死者が、女性の胎内に生まれ変わってこの世に現れるというのは、『魔界転生』という小説の骨格をなす極めて重要な事項であって、繰り返し叙述されており、実際に『魔界転生』という小説を読んだ者であれば、それを誤って記憶するはずがなく、したがって、その小説を読んだ記憶から、死んだ女性を生き返らせるために、その女性を姦淫するという発想が浮かぶこともあり得ないというべきである」

差し戻し控訴《こうそ》審《しん》に現れた新供述についても、楢崎はこう糾弾する。

「被告人は、上告審において公判期日が指定された後、旧供述を一変させて本件公訴事実を全面的に争うに至り、当審公判でも、その旨の供述をしたところ、既に説示したとおり、被告人の新供述が到底信用できないことに徴すると、被告人は、死刑に処せられる可能性が高くなったことから、死刑を免れることを企図して、旧供述を翻した上、虚偽の弁解を弄《ろう》しているというほかない」

「被告人は、遺族に対し謝罪文等を送付したり、当審公判において、遺族に対する謝罪や反省の弁を述べたりしてはいるものの、それは表面的なものであり、自己の刑事責任の軽減を図るための偽りの言動であるとみざるを得ない。本件について自己の刑事責任を軽減すべく虚偽の供述を弄しながら、他方では、遺族に対する謝罪や反省を口にすること自体、遺族を愚弄するものであり、その神経を逆撫でするものであって、反省謝罪の態度とは程遠いというべきである」

本村は、弥生と夕夏の遺影を胸に抱き、楢崎のひと言ひと言を聞き逃すまいと目をつむったまま頭に刻みこんでいった。時々、小さく頷《うなず》きながら本村は朗読を聞いた。

やがて、判決理由の朗読も終わりに近づいていく。

「(一審二審の)両判決は、犯行時少年であった被告人の可塑《かそ》性に期待し、その改善更生を願ったものであるとみることができる。ところが、被告人は、その期待を裏切り、差戻前控訴審判決の言渡しから上告審での公判期日指定までの約三年九カ月間、反省を深めることなく年月を送り、その後は、本件公訴事実について取調べずみの証拠と整合するように虚偽の供述を構築し、それを法廷で述べることに精力を費やしたものである。当審公判で述べたような虚偽の供述を考え出すこと自体、被告人の反社会性が増進したことを物語っているといわざるを得ない」

反省を深めることなく年月を送り、虚偽の供述を構築し、反社会性を増進させた――それは、Fにとってこれ以上はないほど厳しい言葉だった。

そして、楢崎は、判決理由をこう締めくくった。

「被告人が、当審公判で、虚偽の弁解を弄し、偽りとみざるを得ない反省の弁を口にしたことにより、死刑の選択を回避するに足りる特に酌量すべき事情を見出《みいだ》す術《すべ》もなくなったというべきである。今にして思えば、上告審判決が、〝第一、二審判決の認定、説示するとおり揺るぎなく認めることができるのであって、指摘のような事実誤認等の違法は認められない〟と説示し、〝死刑の選択を回避するに足りる特に酌量すべき事情があるかどうかにつき更に慎重な審理を尽くさせる〟と判示したのは、被告人に対し、本件各犯行について虚偽の弁解を弄することなく、その罪の深刻さに真摯《しんし》に向き合い、反省を深めるとともに、真の意味での謝罪と贖罪《しょくざい》のためには何をすべきかを考えるようにということをも示唆《しさ》したものと解されるところ、結局、上告審判決のいう〝死刑の選択を回避するに足りる特に酌量すべき事情〟は、認められなかった……」

午後十二時二分、朗読は、とうとう「主文」に辿《たど》り着いた。

「被告人、前へ」

楢崎裁判長の声に、着席を許されていたFが証言台の前へ歩む。次の瞬間、楢崎は語気を強めてこう言った。

「主文。第一審判決を破棄する。被告人を死刑に処する」

ガタガタという音がした。飛び出していく記者、立ち上がってFのようすを見ようとする傍聴人たち。法廷は再び騒然となった。

その時である。

Fは、一度天を仰いだ後、裁判長に向かって丁寧に一礼した。次に検察に向かって頭を下げた。次に弁護団。そしてFは、最後に傍聴席の本村に向かって一礼した。

初めてだった。

それは、Fが九年間で遺族に見せた初めての真摯な態度だった。検察に頭を下げたシーンも一度も見たことがない。ふたたび腰縄をつけられたFは、退廷する時、もう一度天を仰いだ。

そして、ゆっくり法廷から出ていった。

本村にとって、Fを見るのはこれが最後になるかもしれなかった。一部始終を見逃すまいと、本村はFを凝視していた。

「Fは〝観念〟したのか……」

あれだけ死を恐れ、生きたいと願っていたFが、一体どうしたのか。昨年十二月に差し戻し控訴審が結審して以来、Fに何かの変化があったのか。

自分に一礼して出ていったFのうしろ姿を見ながら、本村は、九年間の闘いの末にFが見せた態度に思いを馳《は》せていた。

本村は、傍らで泣く弥生の母・由利子に、

「お義母《かあ》さん、長くかかってしまって申し訳ありませんでした……」

とだけ言った。由利子は下を向いたまま、

「ありがとう、ありがとう……、洋さん」

と、言ったまま泣きつづけた。

本村は、絶対泣くものか、と思った。当然の結果が出ただけなのである。人を殺《あや》めた者が、自らの命で償うのは、当たり前のことなのだ。

その当然の判決が出ただけなのである。

本村は、死刑制度というのは、人の生命《いのち》を尊いと思えばこそ存在する制度だと思っている。残虐《ざんぎゃく》な犯罪を人の生命で償うというのは、生命を尊いと考えていなければ出てくるものではないからだ。

たとえ少年であっても、残虐な犯罪を許すことはしない。

Ｆの死刑判決によって、そのことが社会に示されたのだ。弥生や夕夏、そして自分のような思いをする人間を二度と出さないためには、それが必要であると本村は思っている。

これは、その「当然の結果」に辿り着くまでに時間がかかっただけなのだ。弥生と夕夏の遺影を抱いた本村は、絶対に泣いてはいけない、と自分に言い聞かせていた。

エピローグ

私は、一人の青年に会おうとしていた。

場所は、広島市の中心部、中区上八丁堀《かみはっちょうぼり》にある広島拘置所。全国の拘置所の中でも、これほど一等地にあるものは珍しい。

広島駅からタクシーで十分足らず、広島城のお堀端にも近い広島拘置所は、高い塀さえなければ、隣に立つ検察庁の一角と間違えられそうな佇《たたず》まいである。

日本全国を揺るがした〝逆転〟の死刑判決。その翌朝、私は、広島拘置所の面会控え室に一人、座っていた。

二〇〇八年四月二十三日朝九時過ぎ。

アポを取ったわけではない。二週間前に来たときは面会を拒否された。その後、また面会に行く旨《むね》の手紙を出したが、返事はなかった。

自分は君の味方ではない。しかし、敵でもない。君の心の底、君の本音を聞きたい。

弁護団に脚色されたものでもなく、ただ二十七歳の青年となった君の肉声で、あの事件に対する君の本当の気持ちを確かめたい。

そんな思いを綴《つづ》った手紙を私は出していた。

Fは、九年間の拘置所暮らしで、すでに私が最初に会った時の本村の年齢を越えている。人には、その年齢なりの言葉や思いがあるはずである。九年前はなくても、今ならFにも、何か私に伝わるものがあるかもしれない。そんな期待があった。しかし同時に、

「たぶん、Fは自分の有利になる人間にしか会わないのではないか」

という思いもあった。私は、前著（『裁判官が日本を滅ぼす』）の中でも、Fに対して厳しい論評を加えている。事件以来、本村の苦悩を長く見てきていることもあり、Fに対する見方が、やはり厳しいことは間違いない。

前回同様、私は奥の面会控え室に通された。ここには、面会玄関から金属探知機をくぐって行かなければならない。

今回もここで断られるのか、と待っていると突然、

「五番、五番」

というアナウンスが流れてきた。五番という番号札を渡されているのは私だ。

「〝四番〟に入ってください」

という抑揚のないアナウンスがつづく。

ほかに面会に来ていたのは、一見してその筋の人とわかる中年男性だけだった。どうやら「五番」である私に「四番」の面会室に入れ、ということらしい。

私は、面会室に通じるドアを開けた。

廊下とはいえないほど狭い幅五十センチぐらいの通路が目の前にあらわれた。右手前から、1から4までの数字がついた小さな個室が並んでいる。一番奥の「4」と表示された面会室が指定された場所だ。

私はその部屋の前まで行き、ドアを開けた。

畳一畳分ほどの狭い部屋だった。東京拘置所に比べても明らかに狭い。

「入ったら、中から施錠《せじょう》してください」

との表示がある。私はその指示に従い、鍵《かぎ》をかけた。これで完全に外から遮断された空間となった。

目の前には、狭い部屋をさらに中間で仕切る透明なアクリル板があった。お互いの声が聞けるようにその透明な仕切りにはポツポツと穴があいている。

勾留《こうりゅう》されている人間にとって、それは社会に通じる唯一《ゆいいつ》の〝窓〟である。

本当にFは私と会うのだろうか。

そんな思いが頭をかすめた瞬間、奥のドアが開いた。

Fだった。

法廷で見慣れたFが入ってきた。

薄いラフな開襟《かいきん》シャツに下は白っぽい綿パン姿。前日のやや長めだった髪が短くなっているように思えた。判決後、散髪したのだろうか。一緒に来た看守が、狭いその部屋で、Fのすぐ左隣りに座って、メモ取りの準備を始めた。Fの手には鉛筆とメモ用の紙を持っている。

「おはようございます。今日はどういうご用件ですか」

細い眼が特徴のFは、そう言って、私に穏やかな表情を向けた。

法廷でいつも見てきたFが、正面から見ると別人のように見えた。細い眼が柔和で、法廷でのFと違い、妙に愛嬌《あいきょう》があるのだ。

私は来意をFに告げた。

判決から一夜あけた今、どんな思いでいるか、判決で断罪されたことをどう受け止めているか。法廷で主張した事実関係がいっさい認められず、逆にその主張のせいで、反省や贖罪《しょくざい》の気持ちがまったく認められなかったことをどう思っているのか……。

聞きたいことは、山ほどあった。

私は、自分が本村とは初公判以来、九年間にわたっていろいろなことを相談しあっていることや、限られた時間内だが、Fに聞きたいことがたくさんあることを告げ、昨日の死刑判決についての思いをまず聞いた。

その瞬間、Fはこう口を開いた。

「胸のつかえが下りました……」

えっ？　一瞬耳を疑った。Fは私に向かって、たしかにそう言ったのである。死刑判決で、胸のつかえが下りた——？

それは、憑《つ》きものが落ちたような表情だった。

Fは、こうつづけた。

「僕は（これまで下されていた）無期懲役を軽いと思っていました。終身刑というのなら、わかります。無期懲役ではあまりに軽すぎる、と」

意外な言葉だった。

「僕は生きているかぎり、償いをつづけたい。僕は（自分が殺した）二人の命を軽く思っていました。でも、今は違います」

——どう違うの？

「被害者が一人でも死刑に値すると思っています」

これは、本当にFなのか。法廷でうわべだけの反省を繰り返してきたあのFなのか。

なぜ、被害者が一人でも死刑に値するの？　と私が問う。

Fが答える。

「死んだ人間がたとえ一人でも、それは〝一人だけ〟ではありません。たとえば夕夏ちゃんには、お父さんとお母さんがいる。そして、そのそれぞれにおじいちゃんとおばあちゃんがいる。僕は、それぞれの思い、それぞれの命を奪ってしまったんです。僕が奪った命は夕夏ちゃん一人ではない。多くの人の命を奪ってしまったんです」

Fは、そう続けた。

「たとえば十人の人間を殺した人がいる。二人を殺した人もいるとする。結果は同じ死刑です。では、あとの八人は何ですか。何もないのですか。僕はそうではない、と思う。一人殺しても、僕はいろんな人の命を奪ったのだから、死刑に値すると思っています」

――それは君が法廷で言ってきたこと、それに弁護団の意見とは違うね。

「正直、弁護団については僕も複雑な思いを持っています」

と、Fはこんな思いを口にした。

「弁護団もわかれています。一部の人たちとは僕は衝突を繰り返しています。弁護団の中には、加害者を守ろうとしている人もいるし、僕自身を守ろうとしてくれている人もいる。僕は、現実問題として、僕の本当の気持ちが本村さんに伝わっていないことを申し訳なく思っています」

Fはそう言いながら、持ってきた紙に一つのマルを描いた。そして、その左右にそれぞれマルを描いた。全部で三つのマルだ。左右のマルが重なった部分を包み込むように真ん中のマルが描かれている。

「真ん中の重なっているのが僕。左が本村さん、右が弁護団。この三つが重なった部分に僕はいますが、それぞれの時に、僕はこっちに来たり、そっちに行ったりするのです」

三つのマルが重なった部分から二つのマルが重なっている部分に自分がそれぞれの時に移って行く、ということのようだ。Fは法廷で自分が揺れ動いたようすを私に伝えたいのだろうか。少なくとも、弁護団のおかげで本村に自分の本当の気持ちが伝わらなかったことを悔やんでいることは間違いなかった。

「弁護方針には、正直いって、よいものも悪いものもある。両方が鏤《ちりば》められていると思います。結果的に僕は、僕の償いの思いが伝わらなかったのが残念です」

　Fはそう言葉を接《つ》いだ。弁護団に対しては、少なからず不満がありそうだった。やはり、昨日の判決で「その主張は荒唐無稽《こうとうむけい》である」と厳しく断罪されたことが堪《こた》えているのだろうか。

　私が弁護団の責任を聞こうとしたら、Fは逆に、狼《おおかみ》少年の話を知っていますか？と私に問うてきた。

　狼少年？　彼は何が言いたいのか。

「狼が来た、狼が来た、とウソを言ってみんなを驚かせていた少年が、いざ本当に狼が来た時、誰にも信じてもらえず、食べられちゃう話です。僕は、その狼少年です。（この差し戻し控訴審《こうそしん》で）僕は本当のことを言いました。でも、信じてもらえませんでした。でも、これは僕の責任です」

　複雑な思いをFはそう表現した。しかし、あの荒唐無稽な話を、F本人が本当につくりあげたのだろうか。そこを問うと、明らかに弁護団を庇《かば》うように彼はこう言った。

「僕は、四年前、ある教誨師《きょうかいし》と出会ってから変わりました。その教誨師からいろいろ教えられ、思うことが多くなりました。自分自身が大切にされることで、そのことの重要さを教えられました。人の命の重さを教えてもらったのです。本当にありがたかったです。その教誨師に、（今回の話は）してありました。（だから）弁護団がつくりあげたものではありません」

Ｆは、そう語った上で、本村への謝罪を口にした。

「僕は本村さんに、本当にお詫《わ》びしたい。（死んだ）二人にも謝りたい。でも、それを本当だと受け取ってもらえない。僕には償いが第一なんです。僕は過去の過《あやま》ちを何べんでも何百ぺんでもすみませんと、言いたい。それをお伝えしたいんです」

Ｆは、法廷でのとってつけたような態度とは別人のように必死でそう訴えるのである。

「今朝、ラジオを聴いていると、昨日の記者会見での本村さんの言葉が流れました。〝どうしてあんな供述をしたのか、事実を認めて反省の弁を述べていたら死刑を回避できたかもしれないのに〟という言葉でした。僕はそれを聞いて、もったいない、と思いました。そして、本村さんが〝死刑が回避されたかもしれない〟といってくれたその言葉だけで、少し救われた気がしました」

私は、法廷で謝罪を口にするＦの姿を何度も見ている。しかし、一度としてそれが心の奥底から出ているものと思ったことはなかった。だが、目の前にいるＦの、この憑きものが落ちたような表情はなんだろうか。

死刑の重さ。死刑判決が彼をここまで変えたのだろうか。面会時間が刻々と過ぎて行った。

　Fは、最後にこう語った。

「僕としては何度でも償えるだけ償いたい。僕は殺《あや》めた命に対して、命をもって償うのはあたりまえのことだと思っています。僕は死ぬ前に、ご迷惑をお掛けした人や、お世話になってきた人に、きちんと恩返しをして死刑になりたいと思っています」

　そして、

「僕は家族を持ったことがありません。父親という立場になったこともありません。〝家族〟というものを構築した経験がありません。でも、僕がやったことの大きさはわかるようになりました……」

　二十七歳になり、死刑という判決を受けたFは、そうはっきりと自分の言葉で語った。

「真剣に聞いていただいて、ありがとうございました。また、何度でも面会に来て下さい」

　Fは、最後に人なつっこい笑みを浮かべて、そう言って席を立った。

　私はFに、ありがとう、また来させてもらうよ、と言いながら、

「殺めた命に対して、命をもって償うのはあたりまえのこと」

というFの言葉を頭の中で反芻《はんすう》していた。

その言葉は、この九年間、私自身が本村から聞きつづけてきたものだった。

その同じ言葉を、Fが口にしている。

九年間、正反対の立場で闘った二人の青年。「死刑判決」が出た翌朝、その二人の言葉が、まったく一致した。

Fは「死」と向き合っている。そう思った。

昨日の死刑判決で、初めて死と向き合ったのか。

いや、ここ数カ月、彼は本当の意味で罪に向き合ったのではないか、と私は思った。

反省や贖罪の気持ちとは無縁だったF。事実、その反省のなさが、昨日の差し戻し控訴審判決でも断罪された。

裁判官が感じたものと同じように、そして、遺族である本村や両親が感じたように、私もFに反省や贖罪の気持ちが芽生えているとは思えなかった。

十二回にわたった差し戻し控訴審の攻防を目撃した多くの人が同じ思いを抱いたに違いない。

そのFが、目の前で、自らの罪を悔いていた。

昨年十二月の弁護側の最終弁論をもって、長かった裁判は終結した。その後、「死刑判決が不可避」というのは、Fにもわかっていたはずである。

死刑不可避――死と向き合うというのは、自らの罪と向き合うことである。自分の行為が二人の尊い命に「死」をもたらしたという厳然たる事実と向き合うことである。

あの差し戻し控訴審の陰で、Fには新たな思いが芽生えていたのかもしれない。

死刑判決の重さ。弥生の母・由利子の言葉が思い出された。

「この世の中から〝死刑〟がなくなったら、どのくらい怖いかわかりません。人を殺した人間は、死刑になるしかありません。社会にとって死刑はどうしても必要なんです」

本村もこう語っていた。

「死刑がなければ、これほど皆さんがこの裁判の行方に注目してくれたでしょうか。死刑があるからこそ、Fは罪と向き合うことができるのです」

広島拘置所から広島駅に向かう車中で、私は「死」と向き合った二人の青年の闘いが、やっと終わりを告げたことを感じていた。

あとがき

二〇〇八年、さつき晴れの五月三日。本村さんの姿は、小倉《こくら》南区の静かな丘陵地帯に広がる北九州霊園にあった。午後二時過ぎのことである。

日本全国を揺るがした差し戻し控訴審《こうそしん》判決から二週間近くが経過していた。

霊園は、本村さんが卒業した北九州高専のすぐ上にある。

桜の季節も終わり、霊園には、つつじやサツキが咲き誇っていた。

遠くからは、休み中にもかかわらずクラブ活動に励む本村さんの母校の後輩たちの声が聞こえてくる。

霊園の一番高い場所には、展望台があり、そこからは小倉の穏やかな風景が一望できる。ここは中型バイクを駆って、本村さんが弥生さんと共に何度もデートにやって来た場所である。

その思い出の地に、弥生さんと夕夏ちゃんは眠っている。

本村さんは、墓参りに必ず一人でやって来る。ご両親が一緒に来ようとしても、いつもそれを断わり、彼は一人で足を運ぶのだ。本村さんにとって、そこは弥生さんと夕夏ちゃん、そして本村さんとの三人だけの空間なのである。

霊園の近くに城戸生花店という花屋がある。本村さんはここに必ず寄って、花を買う。ご主人にコーヒーを出してもらって、世間話をしてから、いつもお墓に行く。

事件のことは話さない。世間話の中に、昨日もお父さんが来たよ、という話が出てくる。本村さんのお父さんがことあるごとに墓参りに来てくれていることを、ご主人から聞くのである。いつも明るく接してくれるこのご主人も、本村さんを支えた一人かもしれない。

いろんな人に支えられてここまで来た、と本村さんは最近しみじみ思うようになった。

人を殺《あや》めた人間がその命で罪を償うという当たり前のことを実現するために、多くの人に支えられ、勇気をもらいながら、やって来たものだと本村さんは思っている。

本村さんが墓参りに来る時、なぜか決まって天気は晴れ上がる。たとえ朝まで雨が降っていても、彼が霊園に来ると、嘘《うそ》のように雨が上がるのである。

この日も爽《さわ》やかな天気に恵まれた。本村さんは、二人にしか見せないとびっきりの

優しい笑顔で、

「今日もいい天気だね。晴れさせてくれてありがとう」

と、お墓に語りかけた。

「今日はね、一つだけいい報告があります。仇《かたき》をとったよ。死刑判決が出たからね……」

本村さんの報告は、意外に思うほど簡潔だった。

本村さんは、二人にそう言うと、いつものようにお墓のまわりの掃除を始めた。

九年間の闘いは、彼にとって、それ自体が妻と子に対する贖罪《しょくざい》だったのだろうと思う。家族を守れなかった夫であり、父である本村さんにとって、「死刑判決」を勝ち取り、社会に正義を示すこと以外、妻と子に対する罪悪感を晴らす術《すべ》はなかったのである。

筆者が本村さんと知り合ったのは、プロローグに記述した通り、事件が発生した年である。それは強烈な出会いだった。本村さんは、それ以降の九年間、さまざまな思いを筆者に語ってくれた。

当初、絶望と怒りの海の中で彷徨《さまよ》っていたこの青年が、やがて、目標を定め、社会に大きな影響力を持っていく過程を筆者は見てきた。

本村さんは、何度も挫折《ざせつ》している。自殺を考えたのも一度や二度ではない。しかし、その度に周囲の人たちが本村さんを支えた。

人は、絶望に陥った時、自分一人の力でそこから這《は》い出すことは難しい。どうにもならぬほど大きな絶望の前では、人間など無力だからだ。

大学生のようだった若者の顔に次第に苦悩の皺《しわ》が刻まれ、迸《ほとばし》る感情よりも知識や論理が先に立つようになった。それにつれて、多くの人がこの青年の話に耳を傾けるようになっていった。

死刑判決を勝ち取った夜、筆者は本村さんと一緒にいた。

九年間の闘いの末に摑《つか》んだ勝利なのに、本村さんは粛然としていた。人の死を実現するための闘いに、本村さんはわりきれなさも感じていたのだ。その夜、本村さんが筆者に語ったのは、勝利の喜びではなく、自分が形づくってきた「死生観」についてだった。

難病との闘いや、病院で亡《な》くなっていった友人のことを、本村さんは時を忘れて話してくれた。

そこには、「死」と向き合ったさまざまな人が登場してきた。だが、筆者には、本村さんほど「死」、すなわち「命」と向き合った若者はいないように思えた。

不幸にも、本村さんは大変な事件に巻き込まれ、最愛の家族を失った。しかも、その犯人が罪の意識もまるでない十八歳の少年だった。反省も贖罪の意識もない少年に、司法は、「相場主義」を駆使し、形骸化《けいがいか》した判決しか下さなかった。

それで当たり前だと思っていた。

しかし、本村さんは、そのことに敢然と立ち向かっていった。九年間、一度も揺らぐことなく闘いつづけ、ついに山のように動かなかった司法の世界を突き動かしたのである。

それを支えたのは、家族への愛であり、彼が構築してきた死生観だった。多くの人に励まされ、本村さんは、最後には、犯人に自らの「罪」と向き合わせたのである。

犯罪被害に遭ったものが泣き寝入りし、加害者だけが手厚く遇される国など、真の民主主義国家とは言えまい。この青年に課せられたのは、戦後の日本の民主主義が育《はぐく》んできたエセ・ヒューマニズムに対する痛撃だったのではないか、とも思う。

その道程をどこまで表現できたか、いささか心もとないが、間近で闘いを見てきたジャーナリストの一人として、本書を世に問うことにした。

本書は沢山の方にご協力を仰いでいる。貴重な時間を割いて、多くの方が筆者の取材に応じてくれた。

この場を借りて、ご協力いただいた皆様に深甚《しんじん》なる謝意を申し上げたい。

本書が世に出るには、新潮社出版部の矢代新一郎企画編集長と同・山口紗貴子さんの力に負うところが大きい。特に山口さんには、その卓抜した取材力で、数々の難関を突破してもらった。心よりお礼申し上げたい。

取材の過程で、弥生さんの母・由利子さんは筆者に「洋さんには、幸せになって欲しい」と何度も語った。事件発生以来、背負いつづけている十字架を、本村さんもそろそろ下ろす時が来たように思う。

日本人の一人として、本村さんの偉業に心より感謝すると共に、本書を非業《ひごう》の死を遂げた弥生さんと夕夏ちゃん、お二人の魂に捧《ささ》げたいと思う。

合掌

二〇〇八年六月

門田隆将

※尚、本文は原則として敬称を略し、年齢は登場する場面での満年齢とさせていただきました。

文庫版あとがき

「僕は、海の近くで育ったんで時々、海が恋しくなります。潮の香りを嗅《か》ぎたいし、風にあたりたいですね。これは本能でしょうか」

目の前の青年は、優しい目をさらに細めて語りかけてきた。

「そう？　僕も土佐の出身で海の近くで育ったから、その気持ちはよくわかるよ」

私は、青年にそう応《こた》えた。

しかし、私がいつでも潮の香りを嗅ぎに行くことができるのに対して、青年にはそれが叶《かな》わない。その現実を思うと、海の話をそれ以上つづけられなかった。

青年は、これまで会っていた時と違って、鼻の下とあごにヒゲをたくわえていた。二カ月前から生やし始めたという。これまで〝若者〟というイメージで接していた青年が、ヒゲのせいか意外にダンディに見えるので驚いた。

「F君、なかなかしぶいねえ」

思わずそんな感想を口にしていた。

二〇一〇年七月十二日。私は、広島拘置所に収監中のFと拘置所面会室の三番ブースで向かいあっていた。

光市母子殺害事件の犯人・Fは十八歳の時に罪を犯し、もう二十九歳となった。十一年間も狭い拘置所にいれば、拘禁症もあるはずなのに、彼は、その苦しみを決して私に見せない。逆に、会うたびに目が〝優しく〟なっており、収監中の彼が、看守や教誨師《きょうかいし》たちに支えられて生活しているさまが見て取れる。

二〇〇八年四月二十三日朝、初めてここ広島拘置所でFに会って以来、もう四度目の面会になる。

「胸のつかえが下りました」

Fがしみじみと心境を語ってくれたあの日から、もう二年あまりが経《た》つのである。

東京と広島には七百キロもの距離がある。そのため、私はなかなか広島拘置所を訪れることができない。しかし、広島、あるいはその近くで取材や講演などがある時は、必ずFを訪ねることにしている。もちろん、こちらが面会をしたくても、彼の側に会う意思がなければ、面会はできない。はるばる東京から来ようが、〝拒否〟されれば、それで終わりである。

二度目に面会に訪れたのは、差し戻し控訴《こうそ》審《しん》判決の三カ月後、二〇〇八年七月だった。

本書（単行本）が刊行される時、見本刷りができ上がったその日に、私はこれを持って新幹線に飛び乗った。できたばかりの単行本を郵送することもできたが、直接Fに渡して、こういう内容の本ができ上がった、と報告するつもりだったのだ。

Fにとって、本書の内容が過酷なものであることはわかっている。絶望から這《は》い上がる本村さんの九年間の苦悩を描写したノンフィクションだけに、Fには読むのがつらく、厳しい中身であることは間違いない。しかし、それだからこそ、彼に本書を直接渡したいと思った。二度目の面会となったその日、Fは私の顔を見るなり、こう言った。

「お待ちしていました。また会いに来てくれてありがとうございます」

この時、Fは髪を切り、坊主《ぼうず》頭になっていたので、前回の時と印象が少し変わっていた。しかし、そう語りかけてくるFの目は、三カ月前よりさらに優しくなっていた。

Fはこの二度目の面会でもさまざまな話をしてくれた。初めて会った時に、面会が終わる頃、何かもっと話したそうな雰囲気を感じた。それが三カ月後に再び私が現われたことで、その時の思いをより詳しく伝えたかったのかもしれない。

「僕が上告したのは、判決に不満だったからではありません。〝判決文〟に不服だったのです。僕は、これまで検察に迎合して（裁判で）嘘《うそ》を言っていました。これは、僕のもう一つの罪です」

Fはそう語った。Fはあの差し戻し控訴審判決のあと、最高裁に上告していた。その理由を開口一番、私にそう伝えたのである。

「僕が上告したことが本村さんを哀《かな》しませているかもしれません。僕はそのことを謝りたいのです。門田さんから、僕のこの思いを本村さんに伝えてもらえますか？」

不服なのは死刑という「結果」ではなくて、その結果を導き出した「判決理由」であり、そのために上告したので、それを本村さんにわかって欲しい、というのである。

そして、こうもつけ加えた。

「僕は人に対して殺傷行為をやった人間です。しかも、大人だけでなく、赤ちゃんまで殺傷してしまった人間です。そのことだけで、この一事だけで、死に値します。僕は、〝自死〟も考えたことがあります。（だから）上告したのは、判決に対しての不服ではないんです」

Fの目は真剣で、私から視線を逸《そ》らさない。必死でそう語るFのさまを見ながら私は、

「わかった。F君の言いたいことは本村さんに伝えさせてもらうよ」

と返事をしていた。自死、すなわち自殺まで、かつて考えたことがあることをFは語った。実は、この時、私は本村さんからもFへの伝言を預かっていた。それは、

「F君が自らの罪と向き合い贖罪《しょくざい》の道を歩んでいることを知りました。今後も人の心を取り戻し、堂々と罪を償ってくれることを望みます」

というものである。それを伝えると、Fは一瞬、考えたあと、こう答えた。

「検察と裁判所は、事実誤認をしているので、今のままでは〝堂々と〟罪を償う、ということにはなりません。あの主張をすることに葛藤《かっとう》はありました。でも、そのことを（最高裁で）認めて欲しいと思っています」

Fは、そう言うと、自分を変えてくれた教誨師について、また話し始めた。前回の時も、私はこの教誨師のことを聞いている。この人によってFには、反省が芽生え、それを深めていくことができるようになったようだ。

「なぜ、あの家族だったんだろう、と思います。何を言っても言い訳に聞こえて誤解されますが……」

何かを考えながら、Fはそう呟《つぶや》いた。本村さんの家族がこの事件の当事者になったことをFは、いつも考えているのである。さまざまな思いが交錯しているようだった。

「いま僕は二十九歳です。弥生《やよい》さんは二十三歳で亡《な》くなりました。僕がそれより長く

生きていることに感謝しますが、それも申し訳ないです」

Fは、そう語る。面会時間は短い。私は、二人の間を仕切るアクリル板越しに、できあがったばかりの単行本を見せた。

「F君、これは私が書いたノンフィクションです。本村さんの九年間の闘いを中心にいろいろ書いてあります。あなたには読むのがつらい部分も多いと思うけど、どうか最後まで読んで欲しい」

自分の思いをそう伝えた。

「僕は大丈夫です。本村さんが書いた『天国からのラブレター』も何百回も読んでいます。僕のことを厳しく書かれていても、僕は大丈夫ですから」

Fは、にっこり笑ってそう応えた。優しい、包み込むような印象的な笑顔だった。

三度目の面会は、二〇一〇年三月だった。広島に来る用事があった私は、久しぶりに広島拘置所を訪ねた。

インフルエンザが流行していたこの時期、Fは、大きなマスクをつけて面会室に現われた。隣で面会内容をメモする看守もマスクをつけている。

この日は偶然、亡き弥生さんの誕生日の翌日だった。Fはそのことを忘れていなかった。

「昨日、弥生さんの誕生日だったんです。こちらで（ご冥福《めいふく》を）祈らせてもらいました」

Fは拘置所内に場を設《しつら》えてもらい、弥生さんと夕夏《ゆうか》ちゃんにお祈りを捧《ささ》げることが多いという。プロテスタントであるFは、心を許した牧師に特にお願いして、そういう時間を過ごしていることを教えてくれた。

「死刑判決を受けて、いろいろなことが見え始めました。自分の視点ができたように思います。自分の〝限りある命〟をどうするか、ということを僕は考えています」

Fはそう語った。

「門田さんが本の中に書いておられる〝胸のつかえが下りた〟というのは、そういう意味です。今までは、私は何かを押しつけられていたような気がします。その意味で、法廷での私は、本当の僕ではなかったと思う。メディアの人たちの前で、僕は頭を下げたくないんです。僕は彼らのことが嫌いです。だから、本村さんにも法廷で本当の僕を見てもらうことができませんでした」

Fはこの時も、私に本村さんへの伝言を託した。

「僕がお祈りする時、弥生さんと夕夏ちゃんの名前を出すことを本村さんは身勝手だと思うかもしれません。弥生さんと夕夏ちゃんの名前を本村さんが言うのと、僕が口にするのとは、違いますから。もし本村さんがそう思うなら、僕が二人の名前を出してお祈りすることはできません。僕は加害者ですので、軽々しくお二人の名前を口にすることができないのです。もし、本村さんにお会いする機会があれば、僕が弥生さんと夕夏ちゃんの名前を口にすることを許してもらえるかどうか、聞いてもらえませんか？」

そして、こうも語った。

「本村さんと是非お会いしたいです。できれば、門田さんと一緒に会いたいです」

法廷でのFとは、やはり別人がそこにいた。

会うたびにFは、成長をしているように思えた。本村さんに会いたい、というFと向かいあいながら、私は本村さんがアメリカのテキサス州で面会した死刑囚ナポレオン・ビーズリー（注・第十一章参照）のことを思い出した。

本村さんはビーズリーのことを「まるで聖人のような顔だった」と私に言った。ビーズリーはその時、死刑という判決の重さを本村さんにこう語っている。

「僕は、死刑判決を受けるまで、なんでこんなことをしてしまったのか、どうして人を殺したのか、と荒れていました。死刑判決を受けて初めて命について深く考えました。いま、僕は本当に自分のやったことを後悔しています」

目の前のFもまた、死刑判決を受けて、「死刑判決で（初めて）自分の視点ができた」「自分の〝限りある命〟をどうするか、ということを考えている」

と語っている。罪に向きあわせるという意味で、犯罪者にとって死刑というものがいかに重いものか改めて感じさせられた。

自分の命が断たれるかもしれないと知った時、人は自ら犯した罪と向き合うことができる。死刑制度の是非は別にして、そのことだけは偽らざる真実なのである。

私はFに面会するたびに、本村さんにはFの心境の変化や様子を私が感じたまま伝えている。本村さんは、私の話を聞いてこう語った。

「いつか私がF君と面会する日が来ることは、残念ながらまだ想像できません。大変申し訳ないです。ただ、F君が弥生の誕生日にお祈りをしてくれていることは、素直に感謝しています。二人の名前を口にすることは大丈夫です。このことは、お伝えして下さい」

そして、二〇一〇年七月。別件で広島にやって来た私は、Fに面会を申し込んだ。

ヒゲをたくわえて、ダンディに見えるFは、今回も笑顔で私を迎えてくれた。

亡き夕夏ちゃんの誕生日である五月十一日には、「知り合いの牧師に、事件現場となった社宅に花を供えてもらいました」と、Fは私に語った。

そして今、さまざまな心理的な鑑定がおこなわれていることを明かした上で、自分の〝命〟について、こんな心境を吐露してくれた。

「僕は（弥生さんと夕夏ちゃんという）二人の人命を亡くした人間です。僕一人の命で、二人の命に見合うはずがありません。〝対価〟として僕の命は見合っていないんです。だから僕の命には、プラス・アルファがなければならない。それが出来た時、僕は初めて〝輪っか〟をくぐることができます」

〝輪っか〟とは、言うまでもなく、丸く輪になった絞首刑《こうしゅけい》のロープのことだ。自分がただ絞首台に上がっただけでは弥生さんと夕夏ちゃんの命に見合うことはできない、自分が生まれ育った環境など、あの犯罪を犯した理由や原因をできるだけ究明して欲しい。Fはそう望んでいるのである。その上で命をもって償いたいと、Fは私に伝えているのだ。

狭い拘置所の中で、Fが自分自身をじっと見つめているさまが窺《うかが》えた。あの死刑判決がFの姿勢を根本から変えたのだろうか。

面会の終わり際《ぎわ》、Fはぽつりとこう漏らした。

「裁判官に裁いて欲しくないんです。僕は本村さんに裁いて欲しいのです」

面会をくり返すたびに、Fが口にする言葉は重みを増していく。短い時間では、お互い大したことを伝えられていないかもしれない。しかし、それでも彼の言葉には私をぐっと立ち止まらせる力がある。

母への甘えたさからただ抱きついただけだった。性行為は生き返らせるための復活の儀式だった……等々という主張が私には「事実」とはとても思えない。しかし、目の前のFの姿も厳然たる「事実」なのである。

私はふと、犯罪者にとって反省が深まった末にいきつく先とは何か、を思い浮かべた。反省と悔悟、そして贖罪に目覚めることは、犯罪者にとって最も重要なことである。

だが、その犯罪があまりに無惨《むざん》なものの場合、反省が深まって自分の罪と向き合った時、犯罪者は一体どうなるだろうか。罪の重さに愕然《がくぜん》として、自殺、あるいは発狂という事態に陥ることもあると聞く。それを防ぐために、人間は往々にして防御本能を発揮し、無意識のうちに自己の行為に「理由づけ」をおこなうことがあるという。

しかし、これは逆に、犯罪者の反省が深まっている証拠と見ることはできないだろうか。

あの奇想天外な主張こそ、Fが反省に目覚め、罪の重さに慄然《りつぜん》とした故《ゆえ》のことではないか、とも思えるのである。

本作品は、上梓《じょうし》以来大きな話題となってベストセラーになっただけでなく、ドラマ化も含め、幸いにさまざまな分野で反響を呼んだ。だが、この事件・裁判はあくまで現在進行形であり、今後もまた紆余曲折《うよきょくせつ》が予想される。私自身、取材の過程にあり、Fの行く末も見つめながら、また稿を改める時が来るかもしれないと考えている。時間が許すかぎり、今後もFとの面会のほか、関係者への取材をつづけていくつもりだ。いつか私なりの結論が出せる日が来ることを祈らずにはいられない。人間にとって生と死とは、そこまで重いものだからである。

本書の文庫化にあたり、尊敬する佐木隆三先生から素晴らしい解説文をいただけたことは、司法の世界をフィールドワークのひとつにする私にとって大きな喜びである。また新潮社文庫編集部副部長の佐々木勉、同編集部草生亜紀子、同校閲部菅野良志子の各氏には、格別の助言と示唆《しさ》をいただいた。この場を借りて、共に深く御礼を申し上げる次第である。

二〇一〇年七月

門田隆将

【参考文献】

『淳』土師守（新潮社、一九九八年）
『天国からのラブレター』本村洋・弥生（新潮社、二〇〇〇年）
『犯罪被害者の声が聞こえますか』東大作（講談社、二〇〇六年）
『なぜ僕は「悪魔」と呼ばれた少年を助けようとしたのか』今枝仁（扶桑社、二〇〇八年）
『死刑弁護人　生きるという権利』安田好弘（講談社、二〇〇八年）

《光市母子殺害事件》経過

一九七六年　三月三日　佐藤（旧姓）弥生誕生
一九八一年　三月十九日　本村洋誕生
　　　　　　三月十六日　F誕生
一九九七年　十一月三日　本村洋・弥生、結婚
一九九八年　五月十一日　本村夕夏誕生
一九九九年　四月十四日　事件発生。
　　　　　　　　　　　　本村弥生（二三）、夕夏（十一ヵ月）が殺害される
　　　　　　四月十八日　山口県警が殺人容疑でF（当時十八歳）を逮捕
　　　　　　五月九日　山口地検がFを家裁送致
　　　　　　六月四日　山口家裁がFを山口地検に逆送
　　　　　　六月十一日　山口地検が殺人罪などでFを起訴

二〇〇〇年
八月十一日　山口地裁で初公判。Fは起訴事実を認める
一月二十三日　犯罪被害者の会（現・全国犯罪被害者の会）設立
三月二十二日　山口地裁が無期懲役判決
三月二十八日　検察が控訴
九月七日　広島高裁で控訴審初公判。検察は改めて死刑を求める
二〇〇二年
三月十四日　広島高裁が控訴棄却
三月二十七日　検察が上告
二〇〇五年
四月一日　犯罪被害者等基本法施行
十二月六日　最高裁が弁論期日を翌年三月十四日に決定
二〇〇六年
二月二十七日　安田好弘、足立修一両弁護士がFと初の接見
三月十四日　弁護人（安田好弘、足立修一）が弁論を欠席
四月十八日　最高裁第三小法廷での上告審弁論で、弁護側が初めて傷害致死を主張
六月二十日　最高裁が二審判決を破棄、広島高裁に審理を差し戻す
二〇〇七年
五月二十四日　広島高裁で差し戻し控訴審初公判
十月十八日　同第十一回公判で検察が最終弁論、改めて死刑を主張

十二月四日　同第十二回公判で弁護側が最終弁論、結審

二〇〇八年　四月二十二日　差し戻し控訴審で死刑判決、弁護団即日上告

解説

佐木隆三

プロローグは、一九九九年八月十一日夕刻に北九州市小倉《こくら》北区の喫茶店で、著者の門田隆将《かどたりゅうしょう》さん（四十一歳）が、本村洋《もとむらひろし》さん（二十三歳）に会う場面である。山口地方裁判所で午前十時から「光《ひかり》市母子殺害事件」の初公判がおこなわれ、遺族の本村さんは、閉廷後に郷里の小倉へ帰り、インタビューに応じたのだった。

一九九九年四月十四日（水曜）の白昼、山口県光市の新日本製鐵《せいてつ》光製鉄所の社宅で、二十三歳の主婦・本村弥生《やよい》さんと、生後十一カ月の長女・夕夏ちゃんが殺害された。夫の本村さんは製鋼工場の若きエンジニアで、残業して午後十時ころ帰宅し、妻の全裸死体を発見した。さっそく一一〇番通報すると、急行した捜査員が任意同行を求め、光警察署で事情聴取を受けた。「第一発見者を疑え」が捜査のセオリーだから、容疑者あつかいされたのであり、明け方に長女の遺体が、押入れの天袋に遺棄されていたことを知る。

四月十八日になって、同じ社宅に住む十八歳の少年が逮捕された。父親は協力会社に勤務する技能職で、新日鐵の社宅に空きがあったから、入居を認められていた。被疑者の少年は、高卒で水道配管工事会社に入社したばかりだった。しかし、勤労意欲がなくて会社をサボり、「美人の主婦を物色して強姦《ごうかん》しようと考え、排水検査を装《よそお》って何戸かの家を訪れた」（検察官の冒頭陳述）。

九九年六月十一日付の山口地検の起訴状によれば、次のような犯行である。犯行当日の午後二時三十分ころ、居間にいた本村弥生を強姦しようと企て、背後から抱きついて仰向けに引き倒し、馬乗りになるなどの暴行を加えたが、大声を出して抵抗したため、殺害して強姦しようと決意し、頸部《けいぶ》を両手で強く締めつけ、窒息死させて殺害した上、強いて姦淫《かんいん》し、午後三時ころ、本村夕夏が激しく泣き続けたため、犯行が発覚することを恐れるとともに、泣きやまない同児に激昂《げきこう》して殺害を決意し、居間において床に叩《たた》きつけるなどした上、首に紐《ひも》を巻き強く引っ張って締めつけ、窒息死させて殺害し、同時刻ころ、本村弥生が管理する現金約三百円および地域振興券六枚（額面合計六千円）など在中の財布一個（物品合計約一万七千七百円）を窃取した。

罪名は、殺人・強姦致死、殺人、窃盗。

小倉の繁華街の喫茶店で、初公判のショックがさめやらぬ本村さんは、「僕は（被告人を)、絶対に殺します」と、迫力のある声で言った。「死ぬその時まで、僕の名前を呼んだに違いない弥生を、僕は抱きしめることもできなかったんですよ。僕は、そんなひどい男なんです!」と、涙ながらに自分を責める青年を見て、門田さんは「この男なら本当に犯人を殺すかもしれない。いや多分やるだろう」と、漠然と考えたという。

しかし、第十六章「辿《たど》り着いた法廷」にあるとおり、二〇〇八年四月二十二日、差し戻し控訴審《こうそしん》の広島高等裁判所は、「第一審判決を破棄する。被告人を死刑に処する」と主文を言い渡す。

エピローグは、この翌日に広島拘置所の面会室において、死刑を宣告されたばかりのF(二十七歳)と、門田さん(四十九歳)が会話する場面で、この時、Fは予想外の発言をする(詳細はぜひ本文をお読みください)。九年間におよぶ物語のハイライトであり、わたしは心から感動した。

第十一章に登場する、アメリカのテキサス州の黒人死刑囚ナポレオン・ビーズリー(二十五歳)は、本村洋さんのインタビューにこう答えた。

「死刑という判決を受けて、自分のすべてが変わりました。殺された人にも家族がいて、愛する人、愛される人がいたことに、僕は初めて気がついたんです。僕は、死刑判決を受けるまで、なんでこんなことをしてしまったのか、どうして人を殺したのか、と荒れていました。死刑判決を受けて初めて命について深く考えました。いま、僕は本当に自分のやったことを後悔しています」

著者はエピローグを、次のように結ぶ。

本村もこう語っていた。

「死刑がなければ、これほど皆さんがこの裁判の行方に注目してくれたでしょうか。死刑があるからこそ、Fは罪と向き合うことができるのです」

広島拘置所から広島駅に向かう車中で、私は「死」と向き合った二人の青年の闘いが、やっと終わりを告げたことを感じていた。

わたしも一審の山口地裁から、「光市母子殺害事件」の傍聴取材をつづけてきた。自称「裁判傍聴業」として、見逃せない事件でもあったが、その昔に八幡《やわた》製鐵（新日本製鐵の前身）に広報マンとして勤務し、ときどき光製鉄所に出張した。

そういう縁で本村洋さんに会ったら、「佐木さんは会社の先輩なんですね」と言われ、まさに他人事とは思えない。二審の広島高裁、三審の最高裁でよく門田隆将さんと顔を合わせ、熱心に取材していることを知る。『週刊新潮』副編集長として旧知の仲で、わたしの担当編集者でもあった。

二〇〇八年七月、新潮社から『なぜ君は絶望と闘えたのか 本村洋の3300日』が刊行され、独立後の第一作として読んだ。前述のように心から感動して、熊本日日新聞の書評欄で担当する「佐木隆三が読む」に取り上げ、次のように書いた。

週刊誌記者だった著者は、遺族の本村洋さんに一審の初公判当日からインタビューを始めて、九年間近く密着取材してきた。そういう著者だからこそ、この書名になったのである。わたし自身も、本件裁判の傍聴取材をつづけてきたが、知られざるエピソードの数々を、この本で知ることができた。

なによりも驚いたのは、二〇〇〇年三月の山口地裁判決の前日、本村さんが「遺書」を書いていたことだ。検察側は死刑を求刑したが、少年の殺人事件で死者二人のケースは、無期懲役が「量刑相場」とされる。そういう判決が出たら、自分が死んで死者三人になることを社会に訴えようとしたもので、両親宛《あて》に「命をもって抗議することしか私にはできません」と書いた。幸い先輩がパソコン内の遺書を発見して、懸命に説得して思い止まらせたという。

二〇一〇年四月十七日、わたしが勤務する北九州市立文学館で、門田隆将さんに講演をしてもらった。本村洋さんが小倉南区の国立高専の出身で、事件について市民の関心は高く、多くの人が参加した。

まず門田さんは、山口地裁の法廷に、母子の遺影を持ち込もうとしてとがめられたことを紹介して、「このころの裁判は、裁判官・検察官・弁護人の三者のみで進められ、犯罪被害者には何の権利もなかった」と振り返った。しかし本件をきっかけに全国犯罪被害者の会が設立され、「遺族として当たり前の感情を、初めて法廷で主張したのが本村さんで、日本の司法を大変革させた」と称《たた》えた。

その本村洋さんが、一九九九年九月二日号（八月二十六日発売）の『週刊新潮』に、告発手記「妻と娘の命を奪った十八歳少年をなぜ実名報道しない」と、Fの実名を公表している。ただちに東京法務局が、『週刊新潮』に人権侵害であると勧告したが、なぜか手記を書いた本人には、勧告はおろか抗議さえしていない。

第五章「渡された一冊の本」は、一九九七年に神戸市で起きた酒鬼薔薇《さかきばら》事件の被害者・土師《はせ》淳君の父親が書いた『淳』（新潮社刊）で、山口県警捜査一課の警部補が、公判を前にして「一緒に少年事件や少年法のことを勉強しよう」と、本村さんに差し出した。最愛の妻子を奪われ、自殺の恐れもあるから、配慮してのことだった。

これらのエピソードに、新潮社のベテラン編集者である著者自身は、まったく登場しておらず、講演でも自分を表に出さなかった。いかにも門田さんらしいと思っていたら、終わって茶を飲んでいる応接室で、ふと窓の外を指さして問う。

「あの高層ビルは、マンションですかね」

「そうですよ。一室を僕が、仕事場として使っています」

「十一年前にありましたか？」

「いや、当時はホテルだったはずで、だいぶ前に取り壊して更地にされ、三年前に新築マンションになりました」

「やっぱり！」

このとき興奮して語ったのは、一九九九年八月一一日、山口市での初公判が終わってインタビューを申し込んだら、北九州市で応じると言われ、小倉のホテルを予約した。そうして夕刻に、ホテルに近い喫茶店で「僕は、絶対に殺します」と思いつめた表情の本村さんから、聞かされたというのである。

「仕事の出発点が小倉で、今日こうして小倉で講演したことは、感無量ですねぇ」

門田さんは、しみじみと述懐した。プロローグで、「本来なら、殺人など考えるべきではない、君は何を言ってるんだ――そう叱《しか》るのが、大人である。しかし、私はこの若者の迫力に圧倒され、そう諭すことが憚《はばか》られた。不思議な感覚だった。なんの飾りも、曇りもないその叫びは、日本の司法の〝常識〟を当たり前と捉《とら》えていた私の心を揺さぶった」と告白している。

そういう著者が、良き伴走者として物語を完結させたことに、わたしは改めて感動を覚えた。

この日の夕刻に、光市での勤務を終えた本村洋さん（三十四歳）が、新幹線小倉駅に到着し、門田さんとの夕食の席に合流した。小倉南区の実家に両親が住み、弥生さんと夕夏ちゃんの墓もあるから、よく帰ってくるという。いつだったか、小倉駅前のアーケード街で声をかけられ、とっさに本村さんと気づかなかったのは、真っ黒に日焼けしていたからだ。第三章「難病と授かった命」で描かれているように、本村少年は中学時代からテニスに熱中していた。

「このごろテニスはどうですか？」

「私は光製鉄所で、テニス部の監督をやっているんです」

笑顔で答えた本村さんは、二〇〇六年三月十四日、最高裁第三小法廷に弁護人が欠席して、公判が流れた閉廷後に、「最高裁は何をやってんだ！」と苛立《いらだ》ったときと、まるで別人のようだった。

当時東京で、わたしは複数のジャーナリストから、「本村さんは被害者の会の運動に熱中するあまり、社内で浮き上がっているそうじゃないですか。参院選の比例区に出馬するらしいですよ」と聞かされた。まさかと思いながら、北九州市内で八幡製鉄所の幹部に会ったので確かめると、「それは心ない噂《うわさ》ですね。私の友人が光製鉄所の所長で、『本村君はとても仕事熱心だから、どれだけ助けられているかわからない』と、よく話していますよ」と答えてくれた。

そんなことなどを思い出して、わたしの心は弾んだけれども、不摂生がたたって体調が悪く、あいにく中座してしまった。あとで門田さんに聞くと、大いに盛り上がって二次会へ繰り出し、翌日は本村さんの父親と二人で、弥生さんと夕夏ちゃんの墓参をしたとのこと。

今のところ最高裁の公判期日は指定されておらず、判決確定までもう少しかかりそうだが、いつの日か晴れて再会し、心ゆくまで語り合えることを願っている。

北九州市小倉北区の仕事場にて

（二〇一〇年七月、作家）

この作品は二〇〇八年七月新潮社より刊行された。

新潮文庫最新刊

塩野七生著
小説 イタリア・ルネサンス1
―ヴェネツィア―
地中海の女王ヴェネツィア。その若き外交官がトルコ、スペインに挟撃される国難に相対する！ 塩野七生唯一の傑作歴史ミステリー。

西村京太郎著
十津川警部
赤穂・忠臣蔵の殺意
「忠臣蔵」に主演した歌舞伎役者と女子アナの心中事件。事件の真相を追い、十津川警部は赤穂線に乗り、「忠臣蔵」ゆかりの赤穂に。

池波正太郎著
スパイ武士道
表向きは筒井藩士、実は公儀隠密の弓虎之助は、幕府から藩の隠し金を探る指令を受けるが。忍びの宿命を背負う若き侍の暗躍を描く。

阿部和重
伊坂幸太郎著
キャプテンサンダーボルト 新装版
新型ウイルス「村上病」と戦時中に墜落したB29。二つの謎が交差するとき、怒濤の物語の幕が上がる！ 書下ろし短編収録の新装版。

西條奈加著
千両かざり
―女細工師お凜―
女だてらに銀線細工の修行をしているお凜は、神田祭を前に舞い込んだ大注文に天才職人時蔵と挑む。職人の粋と人情を描く時代小説。

山本文緒著
アカペラ
祖父のため健気に生きる中学生。二十年ぶりに故郷に帰ったダメ男。共に暮らす中年の姉弟の絆。奇妙で温かい関係を描く三つの物語。

なぜ君《きみ》は絶望《ぜつぼう》と闘《たたか》えたのか

本村洋の3300日

新潮文庫　か－41－2

平成二十二年九月一日発行
令和二年十月二十日十二刷

著者　門《かど》田《た》隆《りゅう》将《しょう》

発行者　佐藤隆信

発行所　株式会社新潮社

郵便番号　一六二―八七一一
東京都新宿区矢来町七一
電話　編集部(〇三)三二六六―五四四〇
　　　読者係(〇三)三二六六―五一一一
http://www.shinchosha.co.jp

価格はカバーに表示してあります。

乱丁・落丁本は、ご面倒ですが小社読者係宛ご送付ください。送料小社負担にてお取替えいたします。

印刷・大日本印刷株式会社　製本・加藤製本株式会社

ISBN978-4-10-123142-6 C0195